청소년 코딩

처음으로 배우는 AI 엔트리

발 행 일	2024년 07월 01일 (1판 1쇄)
개 정 일	2025년 06월 13일 (1판 2쇄)
I S B N	979-11-982722-8-7 (13000)
정 가	14,000원
집 필	김한나, 박지혜
감 수	KIE기획연구실
진 행	김진원
본문디자인	디자인앨리스
발 행 처	코딩이지(Codingeasy)
	'코딩이지'는 '아카데미소프트'의 코딩전문 출판사입니다.
발 행 인	유성천
주 소	경기도 파주시 정문로 588번길 24
홈 페 이 지	www.aso.co.kr

※ 이 책은 저작권법에 따라 보호를 받는 저작물이므로 무단 전재와 무단 복제를 금지하며, 이 책 내용의 전부 또는 일부를 이용하려면 반드시 코딩이지의 서면동의를 받아야 합니다.

 # Orientation (기초학습)

▶ This is Coding 학교편 시리즈의 [처음으로 배우는 AI 엔트리] 교재의 구성입니다.

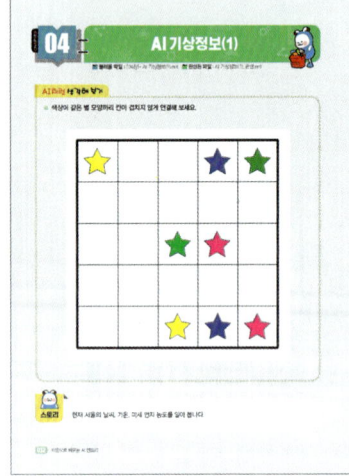

AI처럼 생각해보기
CHAPTER 시작 전 코딩의 뇌를 깨우는 준비과정으로 손코딩을 통해 컴퓨팅 사고력과 문제해결능력을 학습합니다.

완성작품 미리보기 & 본문 따라하기
각 CHAPTER에서 배울 내용에 대한 기능 설명과 함께 완성된 엔트리 동영상 미리 확인하고 예제를 통해 쉽게 따라하며 배울 수 있습니다.

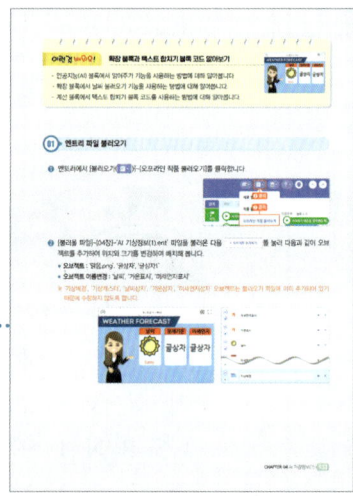

문제해결능력 상상에 코딩을 더해서
각 CHAPTER가 끝나면 앞에서 배운 내용으로 스스로 문제를 해결하고 컴퓨팅 사고력을 키우기 등을 통해 코딩교육 의무화에 대비하였습니다.

처음으로 배우는 AI 엔트리

▶ 엔트리 회원 가입하기

❶ 인터넷을 실행하여 주소 입력 칸에 'playentry.org'를 입력한 후 **Enter** 키를 누릅니다. 엔트리 홈페이지가 열리면 오른쪽 상단 [로그인]을 클릭합니다.

❷ 엔트리 로그인 페이지에서 [회원가입하기]를 클릭합니다.

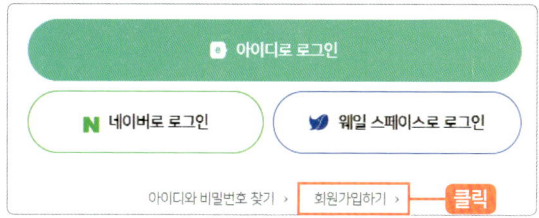

❸ 엔트리 이용약관과 개인정보 수집에 체크를 하고 [아이디로 회원가입] 를 클릭합니다.
  ※ 네이버 아이디 또는 웨일 스페이스 아이디가 있으면 해당 아이디로 회원가입을 할 수 있습니다.

❹ 아이디, 비밀번호, 비밀번호 확인에 아이디와 비밀번호를 정하고 <다음> 단추를 클릭합니다.

▶ 아이디 비밀번호는 잊지 않게 잘 적어주세요.

아이디	
비밀번호	

❺ 회원 유형, 성별을 선택하고 닉네임을 입력 후, 출생 연도를 선택합니다. 그리고 이메일을 입력한 다음 <확인> 단추를 클릭합니다.

※ 이메일은 필수로 입력하는 것은 아닙니다. 그러나 비밀번호를 잊어버린 경우 이메일을 입력하지 않으면 찾을 수 없습니다.

※ 14세 미만이면 부모님 인증절차가 있습니다.

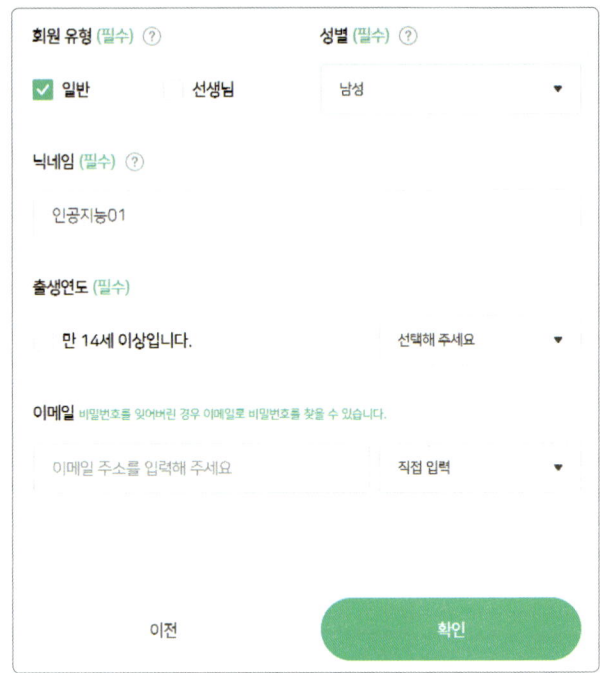

❻ 엔트리 가입이 완료되면 <메인으로> 단추를 클릭합니다.

❼ 엔트리 홈페이지에서 [만들기]를 클릭하면 블록 코드를 이용하여 작품을 만들 수 있는 엔트리가 실행됩니다.

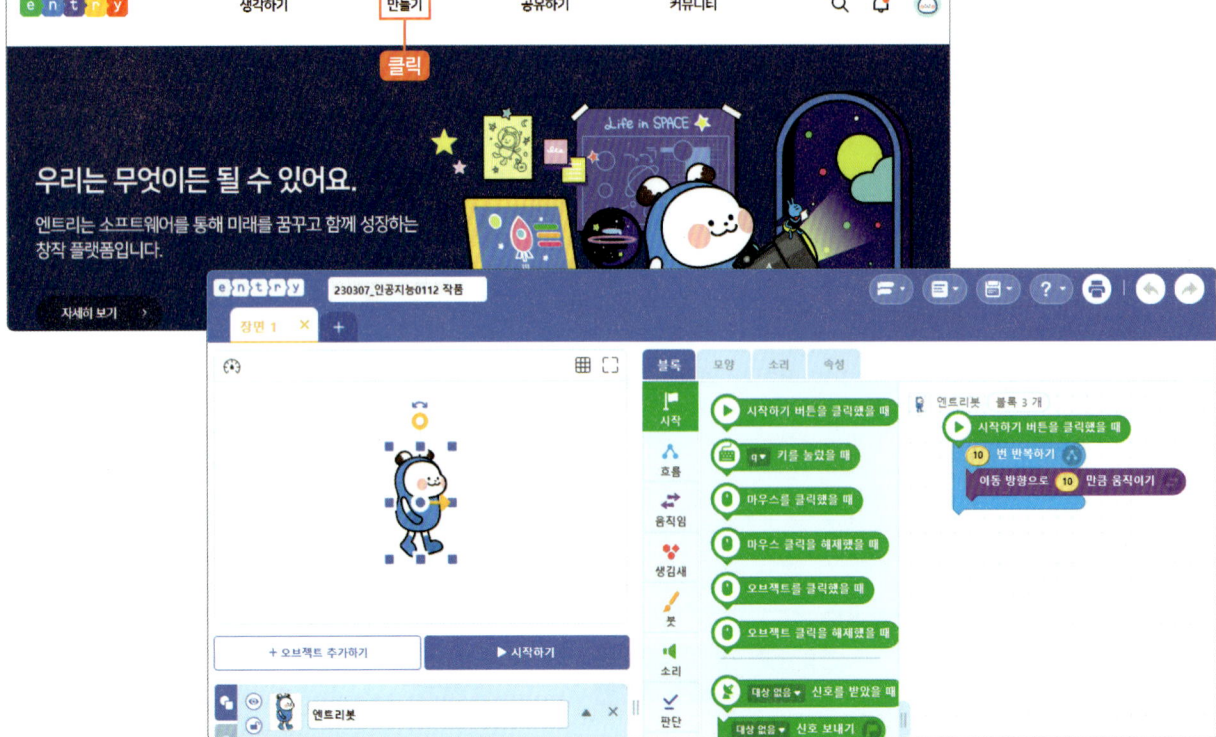

처음으로 배우는 **AI 엔트리**

 엔트리(온라인) 실행하기

❶ 인터넷을 실행하여 주소 입력 칸에 'playentry.org'를 입력한 후 Enter 키를 누릅니다. 엔트리 홈페이지가 열리면 오른쪽 상단 [로그인]을 클릭합니다.

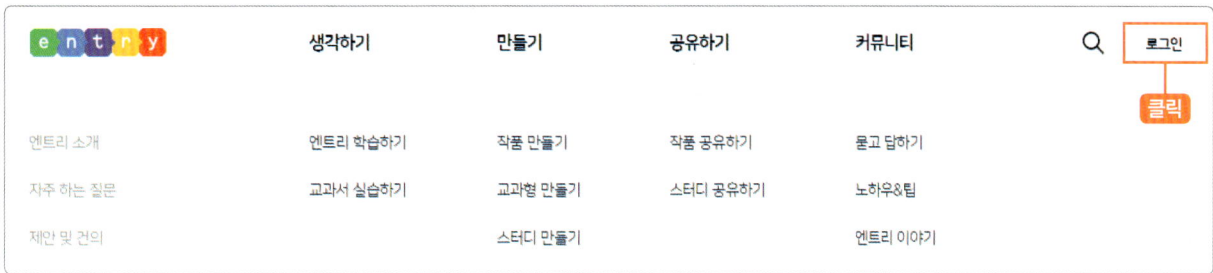

❷ 아이디와 비밀번호를 입력하고 아이디로 로그인 를 클릭합니다.

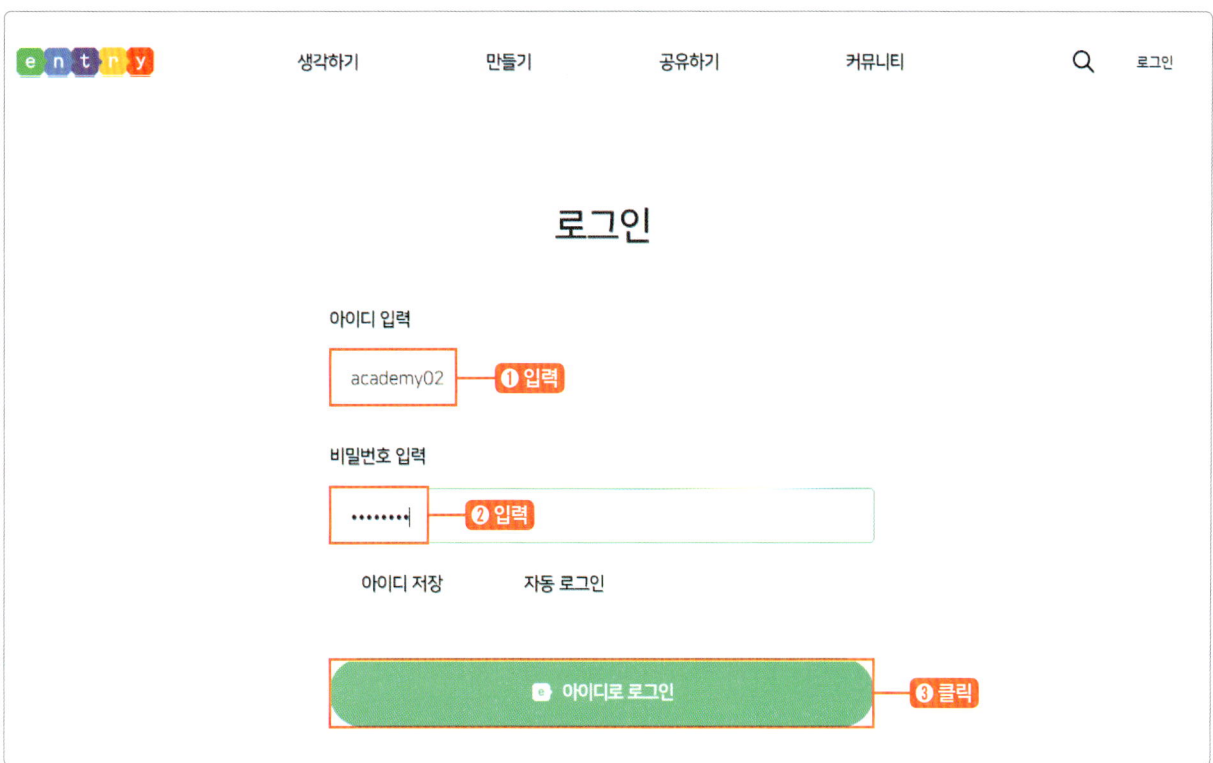

❸ 엔트리 홈페이지에서 [만들기]를 클릭하면 엔트리가 실행됩니다.

※ 엔트리 홈페이지에서 온라인 방식으로 실행하는 이유는 인공지능 블록을 모두 사용하기 위해서입니다.
- 오프라인 엔트리 : 번역, 비디오 감지, 오디오 감지, 읽어주기
- 온라인 엔트리 : 번역, 비디오 감지, 오디오 감지, 읽어주기, [인공지능 모델 학습하기] 기능이 추가

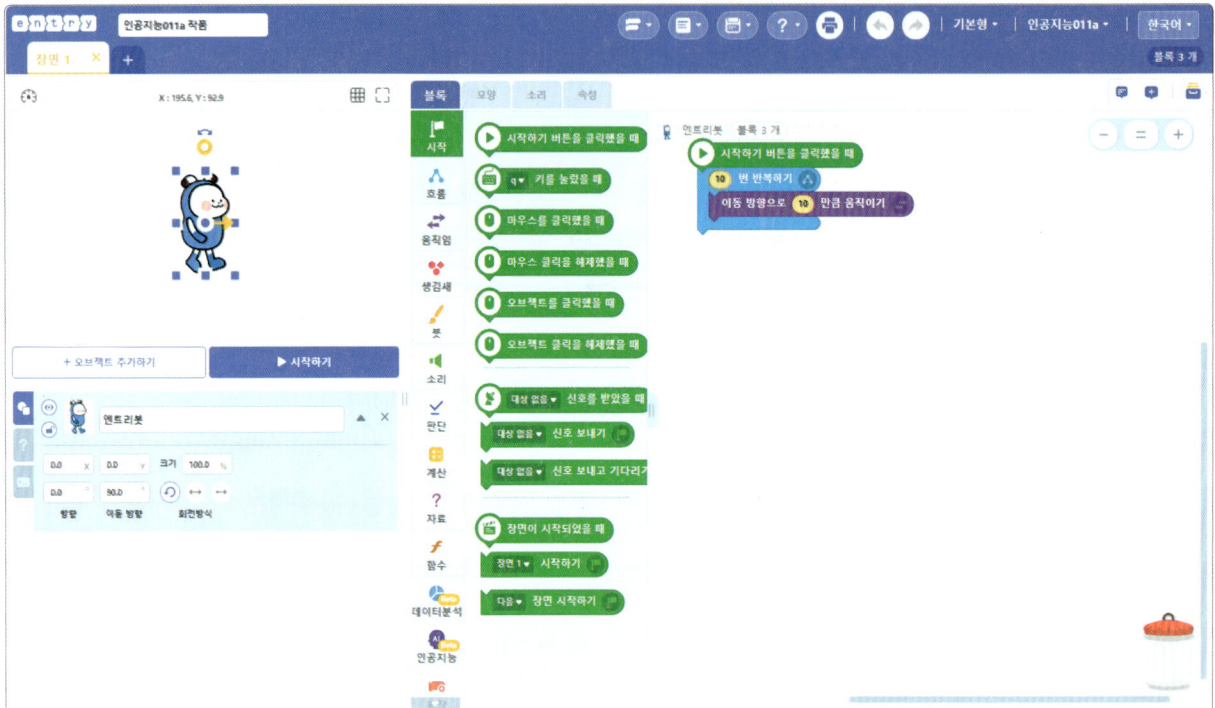

▶ 엔트리 파일 불러오기

- [작품 불러오기] : 온라인 엔트리에서 저장된 파일을 불러옵니다.
- [오프라인 작품 불러오기] : 컴퓨터에 저장된 파일을 불러옵니다.

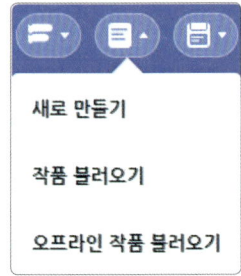

엔트리 파일 저장하기

- **[저장하기]** : 엔트리 파일을 저장(온라인)합니다. 저장된 파일은 [마이 페이지]에 보관합니다.
- **[복사본으로 저장하기]** : 불러온 엔트리 파일을 다른 이름으로 저장(온라인)합니다.
- **[내 컴퓨터에 저장하기]** : 엔트리 파일을 컴퓨터에 저장합니다. 저장은 [다운로드] 폴더에 저장합니다.

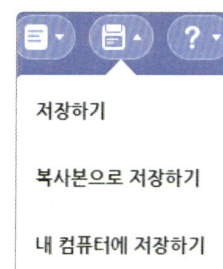

 마이 페이지 열어보기

❶ 엔트리 홈페이지에서 오른쪽 상단 아이콘을 클릭하고 [마이 페이지]를 선택합니다.

❷ 마이 페이지에 저장된 엔트리 파일을 클릭하면 실행화면이 나오고 왼쪽 하단 [코드 보기]를 클릭하면 블록 코드를 편집할 수 있습니다.

목차 CONTENTS

CHAPTER 01 — 꽃 축제에 초대 받았어요~ · 010

CHAPTER 02 — 횡단보도 건너기(1) · 020

CHAPTER 03 — 횡단보도 건너기(2) · 026

CHAPTER 04 — AI 기상정보(1) · 032

CHAPTER 05 — AI 기상정보(2) · 038

CHAPTER 06 — 연도별 계절 기온 알아보기 · 044

CHAPTER 07 — 우리집 AI · 052

CHAPTER 08 — 컴퓨팅 사고력 완성하기(종합실습) · 060

CHAPTER 09 — AI 번역기(1) · 062

CHAPTER 10 — AI 번역기(2) · 068

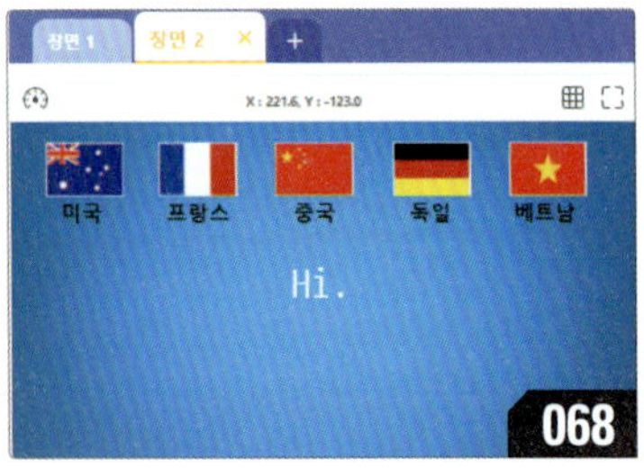

CHAPTER 11 — 종합병원 안내 AI(1) · 074

CHAPTER 12 — 종합병원 안내 AI(2) · 082

처음으로 배우는 **AI 엔트리**

CHAPTER 13
집사야~ 이젠 얼굴표정만 봐도 감정을 알 수 있어! 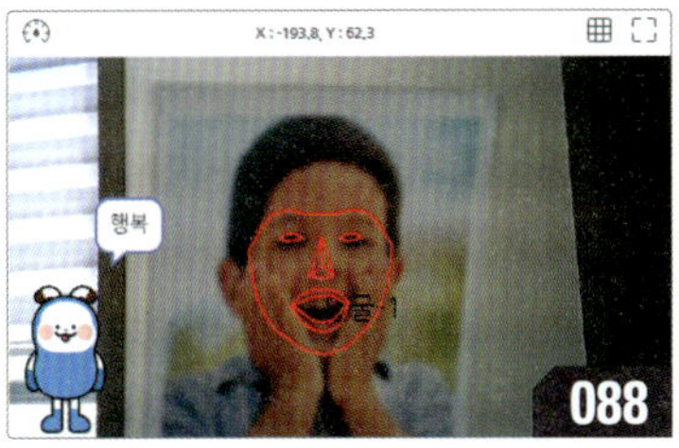
088

CHAPTER 14
집사야~ 가위바위보 게임하자~ 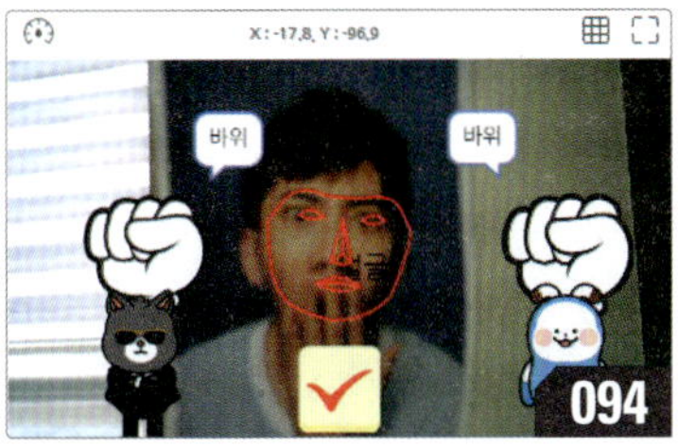
094

CHAPTER 15
이 사진 속 악기에선 어떤 소리가 날까? 
100

CHAPTER 16
컴퓨팅 사고력 완성하기(종합실습) 
108

CHAPTER 17
예쁜 댓글만 입력해 주세요. 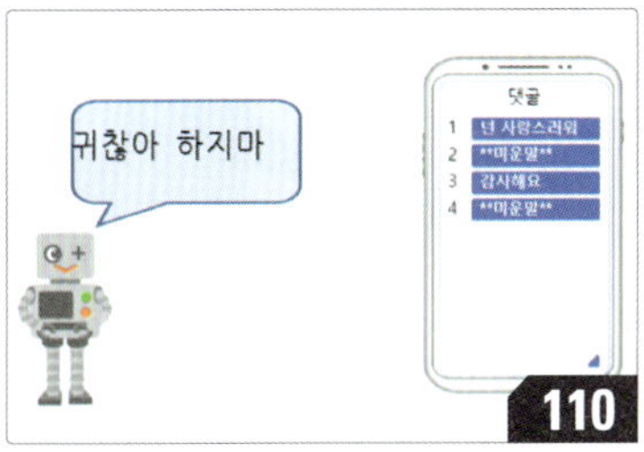
110

CHAPTER 18
대한민국 행정구역 구분하기 
116

CHAPTER 19
나비야 거미를 피해! 
122

CHAPTER 20
곰과 엔트리의 달리기 경주 
128

CHAPTER 21
이 물건은 어디에서 사용하는 물건이지? 
134

CHAPTER 22
스마트폰 보유율 분석하여 발표하기

142

CHAPTER 23
1인당 1년 동안 독서량은 어떤가요?

148

CHAPTER 24
컴퓨팅 사고력 완성하기(종합실습)

154

CHAPTER 01 꽃 축제에 초대 받았어요~

■ 불러올 파일 : [01장]-꽃 축제 초대장.ent   ■ 완성된 파일 : 꽃 축제 초대장_완성.ent

AI처럼 생각해 보기

● 다음을 보고 물음표에 해당하는 값을 구해봅니다.

1 ★ 3 = 6

2 ★ 2 = 5

3 ★ 1 = 3

1 ★ 9 = ?

스토리 엔트리가 집에서 책을 읽고 있었는데 꽃 축제 초대장이 들어있는 편지를 받았어요. 편지가 어떻게 만들어 졌는지 확인해 볼까요?

이런것 배워요! 오브젝트 크기 반복과 읽어주기 블록 알아보기

- 오브젝트의 크기를 반복해서 강조하는 방법을 알아봅니다.
- 인공지능(AI) 블록에서 읽어주기 기능을 사용하는 방법에 대해 알아봅니다.
- 신호와 소리를 추가하는 방법을 알아봅니다.

01 오브젝트 불러오기

❶ 엔트리 홈페이지에서 [만들기]-[작품만들기]를 클릭합니다. 이어서, 엔트리봇 오브젝트를 삭제합니다.

❷ **+ 오브젝트 추가하기** 를 클릭하고 다음과 같이 오브젝트를 추가하여 위치를 변경하여 배치하여 봅니다.

※ 오브젝트 : 초록 방, 생각하는 옆 모습 / 오브젝트명 변경 : 배경

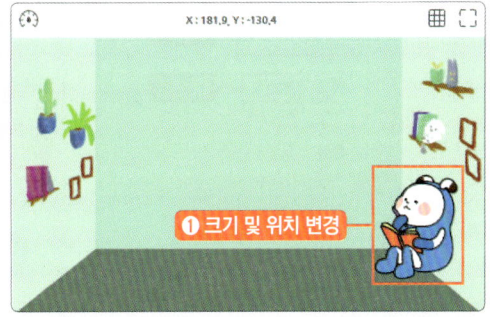

CHAPTER 01 꽃 축제에 초대 받았어요~ 011

❸ 이어서, +오브젝트 추가하기 를 클릭하고 [오브젝트 추가하기] 창이 나오면 [파일 올리기]-[파일 올리기( )]를 클릭한 후, [불러올 파일]-[01장]-'편지_1.png' 파일을 선택하고 <열기> 단추를 클릭한 다음 <추가하기> 단추를 클릭합니다.

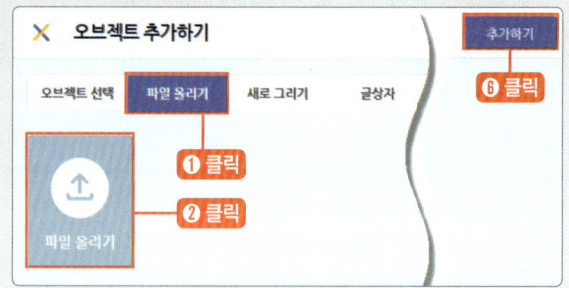

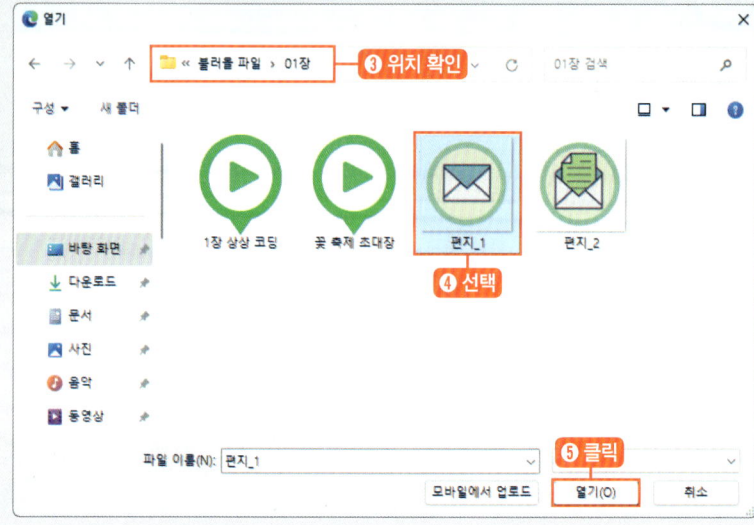

❹ '편지_1.png' 오브젝트 이름을 '편지_1'로 변경하고 [모양] 탭-<모양 추가하기> 단추를 선택한 다음 [파일 올리기]-[파일 올리기( )]를 클릭한 후, [불러올 파일]-[01장]-'편지_2.png' 파일을 선택하여 <추가하기> 단추를 눌러 모양을 추가합니다. 이어서, 다음과 같이 크기를 변경합니다.

※ 모양의 오브젝트 이름을 변경하고 '편지_1' 오브젝트를 클릭합니다.

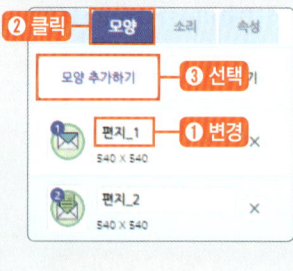 

❺ '초록 방' 오브젝트를 클릭한 다음 [모양] 탭을 클릭하고 '초록 방_2'를 삭제합니다.

❻ 이어서, <모양 추가하기> 단추를 클릭한 다음 '꽃밭(1)_1'을 추가한 후, <모양 가져오기> 단추를 클릭합니다.

❼ [모양 가져오기] 창이 나오면 '장미꽃 엔트리봇'을 선택하고 <추가하기> 단추를 클릭합니다. 이어서, '장미꽃 엔트리봇'의 위치와 크기를 조절한 다음 오른쪽 상단 <저장하기> 단추를 클릭합니다.

※ [모양 가져오기]를 한 후, '초록 방_1' 오브젝트를 클릭합니다.

CHAPTER 01 꽃 축제에 초대 받았어요~ 013

02 신호 추가하기

① 편지를 열면 꽃밭 배경으로 바뀌게 하는 신호를 보내기 위해서 [속성] 탭-[신호]를 클릭하고 <신호 추가하기> 단추를 클릭한 다음 '꽃밭'을 입력합니다. 이어서, <신호 추가> 단추를 클릭합니다.

※ 신호 이름 : 꽃밭

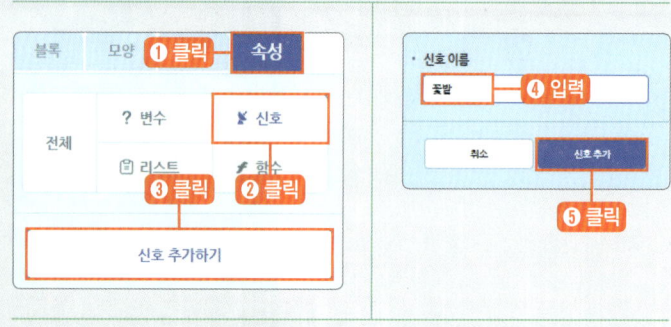

03 인공지능 블록 사용하기

① 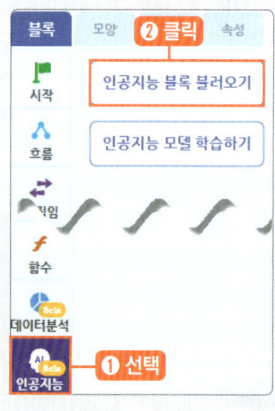 블록 꾸러미를 선택하고 [인공지능 블록 불러오기]-[읽어주기]를 선택한 후, <불러오기> 단추를 클릭합니다.

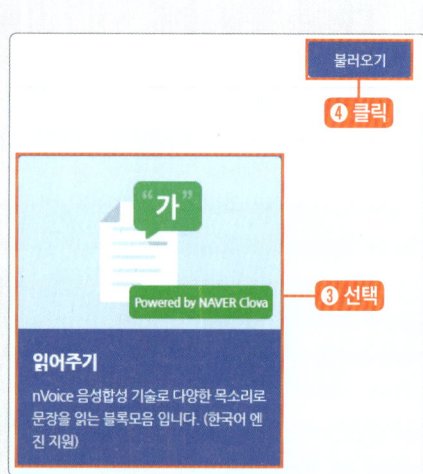

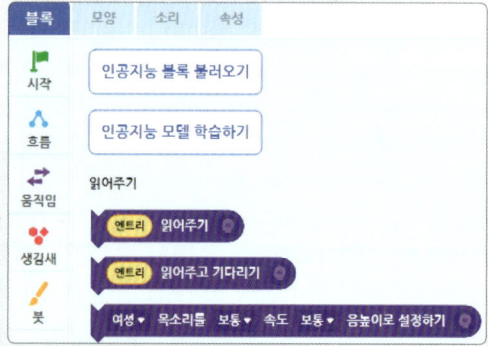

04 블록 코드 입력하기

1. '생각하는 옆모습' 오브젝트를 선택하고 다음 그림처럼 문장을 말하면서 음성으로 읽어주고 사라지는 블록 코드를 만들어 봅니다.
   - **음성 설정하기** : 앙증맞은 목소리, 보통 속도, 보통 음높이
   - **읽어주기** : "초대장이 언제오지?"
   - **말하기** : "초대장이 언제오지?", 2초

2. '편지' 오브젝트를 선택하면 다음과 같이 오브젝트의 크기가 커졌다 작아졌다를 반복하고 편지의 도착을 알리는 멘트와 효과음을 낸 다음 클릭할 수 있도록 만들어 봅니다.

❸ 가장 먼저 편지 도착 효과음을 내기 위한 소리를 추가하는 방법을 알아봅니다. '편지' 오브젝트를 클릭한 다음 [소리] 탭에서 <소리 추가하기> 단추를 클릭하고 '기타 줄 끊어지는 소리1'을 선택한 후, <저장하기> 단추를 클릭합니다.

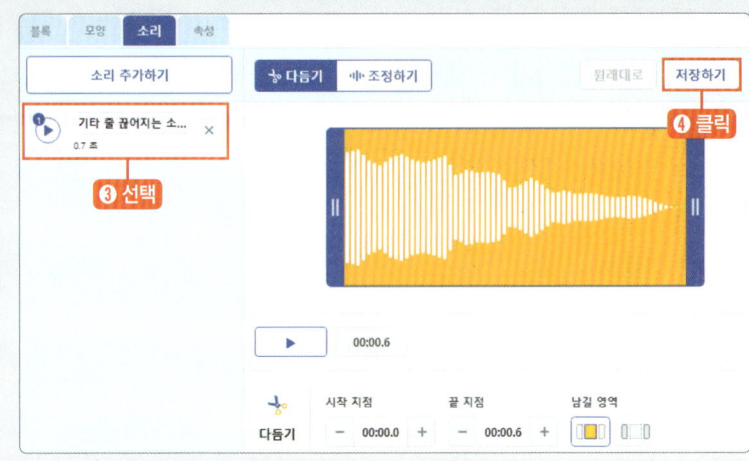

> **TIP**
> - 추가된 소리는 왼쪽에 재생 표시( ) 또는 편집 창의 재생 단추(▶) 클릭하면 소리가 들립니다.
> - 추가된 소리를 재생 구간, 재생 시간 등을 편집해서 사용할 수도 있어요. 편집 후 꼭 <저장하기> 단추를 클릭해 주세요.

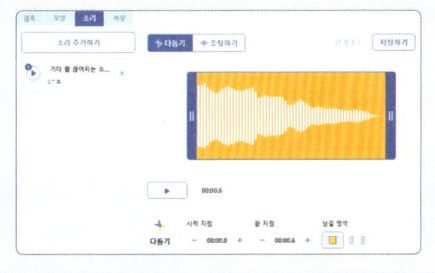

❹ 다음과 같은 조건으로 블록 코드를 만들어 봅니다.
- 시작하기 버튼을 클릭했을 때 '편지_1' 모양으로 바꾸기
- **크기 바꾸기** : 10, -10
- **소리 재생하기** : '기타 줄 끊어지는 소리1'
- **읽어주고 기다리기** : "초대장이 도착했어요! 초대장을 클릭해 주세요!"

❺ '편지' 오브젝트를 클릭했을 때 '편지_2' 모양이 나타났다 사라지고 꽃밭 배경으로 바뀌게 하는 신호를 보낸 다음 편지 내용을 읽어주는 블록 코드를 만들어 봅니다.

- 오브젝트를 클릭했을 때 '편지_2' 모양으로 바꾸기/숨기기
- '꽃밭' 신호 보내기
- 읽어주고 기다리기 : "꽃 축제에 초대되신걸 축하합니다.", "향기롭고 아름다운 꽃과 함께 좋은 추억을 만들어 보세요!"

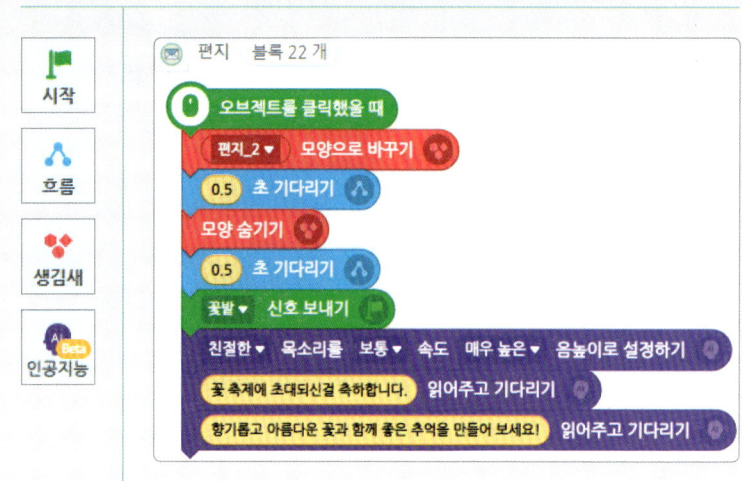

TIP

엔트리 읽어주기 : 읽어줌과 동시에 다음 명령을 실행합니다. 그러면 아래 있는 읽어주기와 겹친 소리가 들리게 됩니다. 그래서 [읽어주고 기다리기] 명령 블록을 사용해야 합니다.

❻ '배경' 오브젝트에 '초록방_1'과 '꽃밭(1)_1' 모양으로 변경하는 블록 코드를 만들어 봅니다.

- 시작하기 버튼을 클릭했을 때 '초록 방_1' 모양으로 바꾸기
- '꽃밭' 신호를 받았을 때 '꽃밭(1)_1' 모양으로 바꾸기

❼ ▶시작하기 단추를 클릭하여 조건에 맞게 동작이 잘 되는지 확인합니다.

❽ 완성된 파일을 [저장하기( )]-[저장하기]를 클릭합니다.

05 저장된 파일 알아보기

❶ 엔트리 화면에서 오른쪽 상단 나의 닉네임을 선택하고 [마이페이지]를 클릭합니다.

❷ 마이페이지에서 저장된 엔트리를 클릭하고 [코드보기]를 클릭합니다.

❸ 엔트리 파일을 편집할 수 있는 화면이 나타납니다.

> **TIP**
> **엔트리 파일 컴퓨터에 저장**
> [저장하기()]-[내 컴퓨터에 저장하기]를 클릭합니다. 저장된 파일은 [파일 탐색기]-[다운로드] 폴더에 있습니다.

CHAPTER 01 상상에 코딩을 더해서

■ 불러올 파일 : [01장]-1장 상상 코딩.ent   ■ 완성된 파일 : 1장 상상 코딩_완성.ent

더하기 스토리⁺
편지 도착을 알리는 새로운 소리와 편지의 크기를 자유롭게 추가하고 변경해 봅니다.

01 '편지' 오브젝트를 새로운 소리를 추가하고 크기를 바꿔봅니다.

02 편지 도착 알림 전에 편지를 클릭하면 다음 내용과 겹치는 오류가 발생했어요. 어떤 블록 코드를 넣어야 하는지 선택해서 조립해 봅니다.

> **TIP**
> 코드 멈추기 블록 조립 위치는 오브젝트를 클릭했을 때 블록과 신호 보내기 블록 사이에 위치하면 좋습니다.

횡단보도 건너기(1)

■ 불러올 파일 : [02장]-횡단보도 건너기(1).ent   ■ 완성된 파일 : 횡단보고 건너기(1)_완성.ent

AI처럼 생각해 보기

● 두 개의 성냥개비를 움직여 1을 만들어 봅니다.(단, 성냥개비를 구부리거나 부러뜨려서는 안됩니다.)

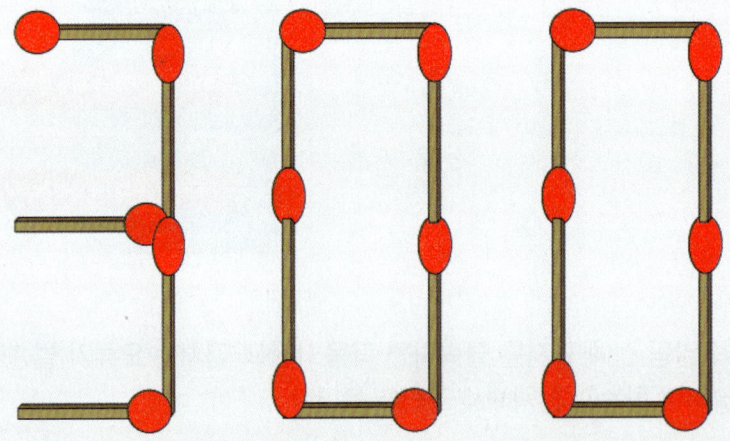

스토리 신호등의 신호색에 따라 안전하게 횡단보도를 건너는 방법을 알아볼까요?

이런 걸 배워요! 오브젝트의 모양 보이기, 숨기기 블록과 읽어주기 블록 알아보기

– 오브젝트의 위치와 모양을 보이고, 숨기는 방법을 알아봅니다.
– 인공지능(AI) 블록에서 읽어주기 기능을 사용하는 방법을 알아봅니다.
– 신호와 소리를 추가하는 방법을 알아봅니다.

01 엔트리 파일 불러오기

❶ 엔트리에서 [불러오기( )]-[오프라인 작품 불러오기]를 클릭합니다.

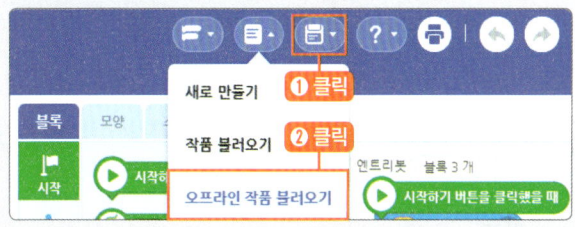

❷ [불러올 파일]-[02장]-'횡단보도 건너기(1).ent' 파일을 불러온 다음 + 오브젝트 추가하기 를 클릭합니다. 이어서, 다음과 같이 오브젝트를 추가하여 위치와 크기를 변경하고 배치해 봅니다.

- **오브젝트** : 자동차 탄 엔트리봇, 자동차 사고 엔트리봇(1), [묶음] 걷기 옆모습
- **오브젝트 이름 변경** : 자동차 탄 엔트리봇, 자동차 사고 엔트리봇, 걷는 엔트리

※ '배경', '신호등' 오브젝트는 불러오기 파일에 이미 추가되어 있기 때문에 수정하지 않도록 합니다.

02 신호 추가하기

❶ 신호등의 색상에 따라 엔트리봇과 차량의 움직임이 바뀌게 하는 신호를 보내기 위해서 [속성] 탭-[신호]를 클릭하고 <신호 추가하기> 단추를 클릭한 다음 다음과 같이 신호를 만들어 줍니다.

※ 신호 이름 : 빨간신호, 초록신호

03 인공지능 블록 사용하기

❶ 블록 꾸러미를 선택하고 [인공지능 블록 불러오기]-[읽어주기]를 클릭한 후, <불러오기> 단추를 클릭합니다.

04 '신호등' 오브젝트에 블록 코드 입력하기

❶ '신호등' 오브젝트를 선택하고 신호등의 모양과 색상에 따라 신호를 보낸 다음 각 상황에 맞게 음성으로 안내해 줄 수 있도록 블록 코드를 만들어 봅니다.

- **모양으로 바꾸기**   : 신호등_빨간신호
- **읽어주고 기다리기** : "안녕! 친구들~ 신호등의 색상에 따라 횡단보도를 건너는 방법을 알아보기로 해요!"
  "신호등에 빨간불이 들어왔어요. 빨간불에는 건너지 말고 제자리에서 기다려요."

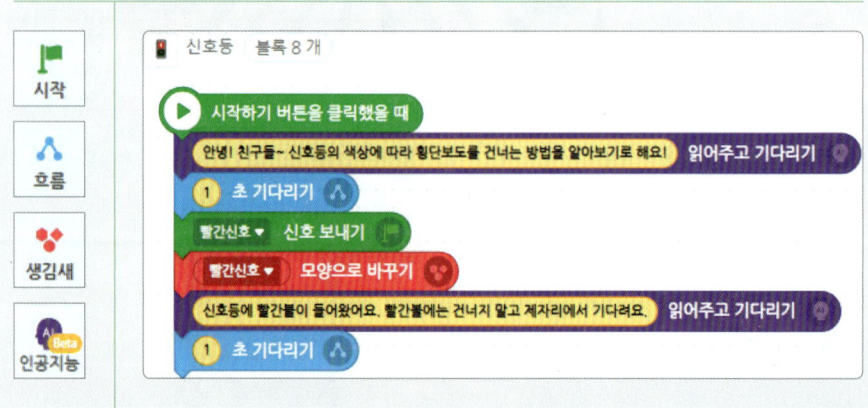

❷ '빨간신호' 신호 보내기부터 반복되는 블록 코드는 마우스 오른쪽 단추를 눌러 [코드 복사 & 붙여넣기]를 클릭합니다.

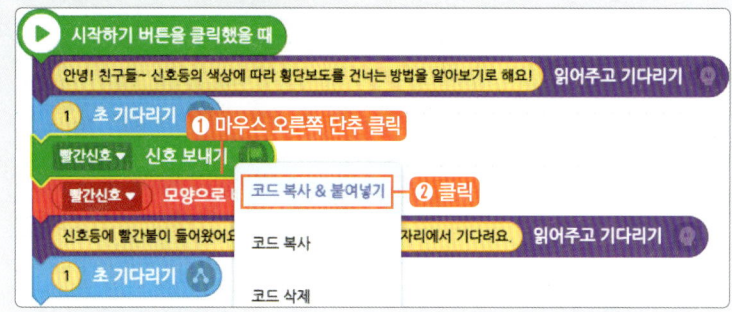

❸ 복사한 블록 코드를 연결한 후, 다음과 같이 '초록신호'에 해당하는 신호, 모양, 읽어주고 기다리기 내용을 수정합니다. 이어서, '걷는 엔트리' 오브젝트가 횡단보도를 건너고 난 후의 블록 코드를 만들어 봅니다.

- **모양으로 바꾸기** : 신호등_초록신호
- **읽어주고 기다리기** : "신호등에 초록불이 들어왔어요. 먼저 차가 완전히 멈춘 후 건너가요."
  "참 잘했어요! 올바른 신호에 안전하게 건넜어요."

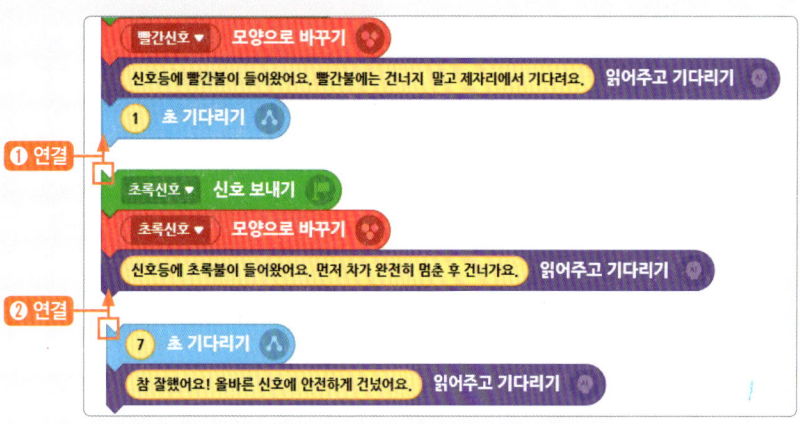

05 '배경' 오브젝트에 블록 코드 입력하기

❶ '빨간신호'를 받았을 때 차량이 움직이는 소리를 나타내기 위해 '배경' 오브젝트를 선택한 다음 [소리] 탭을 클릭하고 <소리 추가하기> 단추를 클릭합니다.

※ 소리 이름 : 자동차 이동 소리

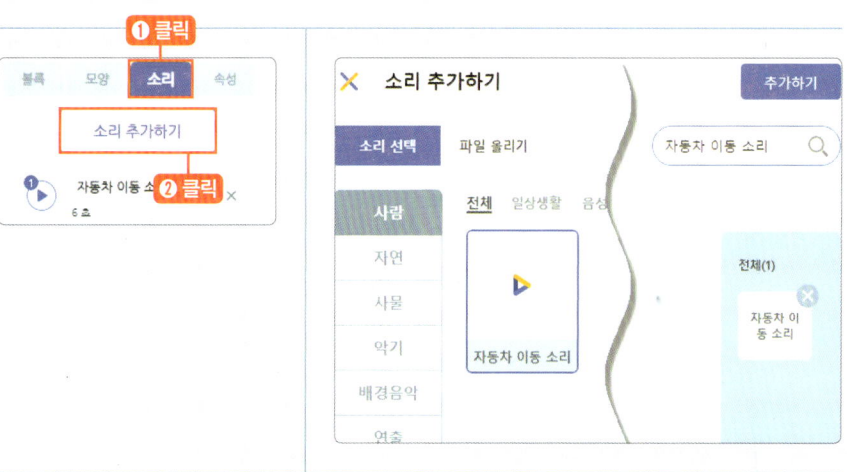

❷ '빨간신호'를 받았을 때 '배경' 오브젝트에서 '자동차 이동 소리'를 재생하는 블록 코드를 만들어 봅니다.

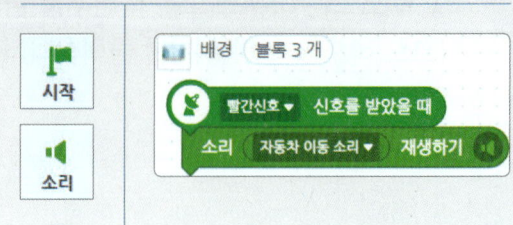

TIP
소리의 재생 시간은 [소리] 탭의 추가된 소리 리스트에서 확인할 수 있습니다.

❸ ▶시작하기 단추를 클릭하여 동작이 되는지 확인합니다.

❹ 완성된 파일을 [저장하기(💾▼)]-[저장하기]를 클릭합니다.

CHAPTER 02 상상에 코딩을 더해서

■ 불러올 파일 : [02장]-2장 상상 코딩.ent ■ 완성된 파일 : 2장 상상 코딩_완성.ent

더하기 스토리+

제1회 엔트리 축제를 축하하기 위해 '락커'와 '양치기 소녀'가 나와서 축하 공연을 해요. 축하 공연을 잘 끝낼 수 있도록 만들어 봅니다.

01 ▶시작하기 단추를 클릭하여 진행 순서대로 동작이 되는지 확인해보고, '사회자' 오브젝트에 아래의 블록 코드에서 잘못된 블록 코드를 찾아서 수정해 봅니다.

■ 진행순서 : 사회자 – 락커 – 사회자멘트 1 – 양치기 소녀 – 사회자멘트 2

```
사회자 멘트1 ▼ 신호를 받았을 때
남성 ▼ 목소리를 보통 ▼ 속도 높은 ▼ 음높이로 설정하기
두번째, 양치기 소녀 나와주세요!  읽어주고 기다리기
소리 박수갈채 ▼  2 초 재생하고 기다리기
락커시작 ▼ 신호 보내기
모양 숨기기
```

02 '사회자' 오브젝트의 마지막 멘트를 순서에 맞게 블록 코드를 만들어 봅니다.

```
소리 박수갈채 ▼  2 초 재생하고 기다리기
남성 ▼ 목소리를 보통 ▼ 속도 높은 ▼ 음높이로 설정하기
축하공연이 끝났습니다. 감사합니다.  읽어주고 기다리기
사회자 멘트2 ▼ 신호를 받았을 때
```

횡단보도 건너기(2)

■ 불러올 파일 : [03장]-횡단보도 건너기(2).ent   ■ 완성된 파일 : 횡단보도 건너기(2)_완성.ent

AI처럼 생각해 보기

● 집 두채를 한 개의 성냥개비만 움직여 집 한채로 만들어 봅니다. 이어서, 한 채의 집을 한 개의 성냥개비만 움직여 집 방향을 반대로 만들어 봅니다.

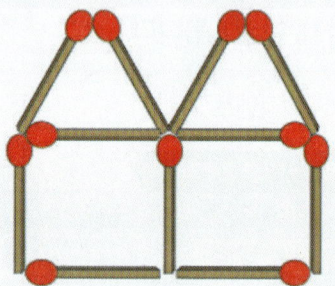

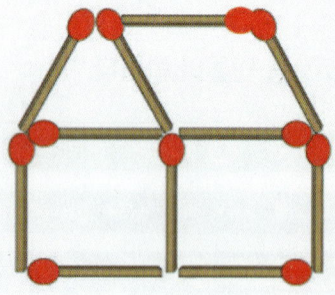

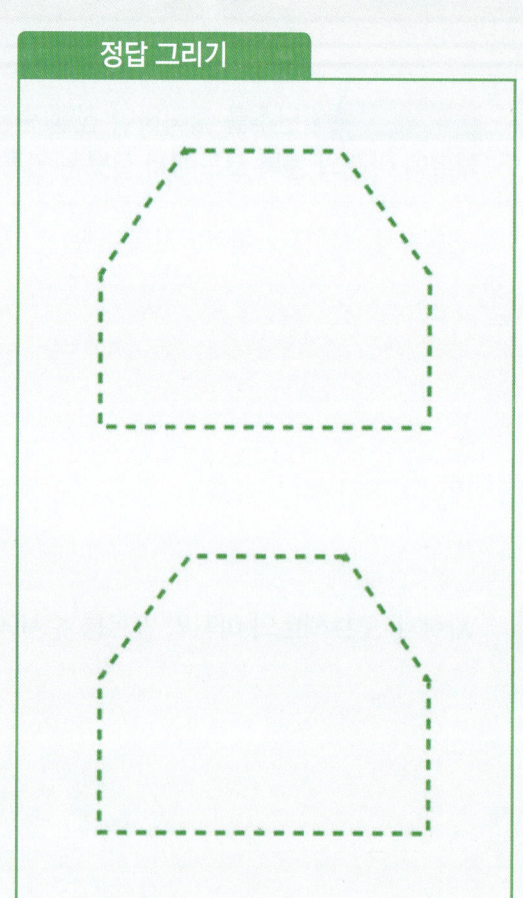

이런걸 배워요! 오브젝트의 모양 바꾸기, 숨기기 알아보기

- 오브젝트의 위치와 모양을 바꾸고, 숨기는 방법을 알아봅니다.
- 인공지능(AI) 블록에서 읽어주기 기능을 사용하는 방법을 알아봅니다.

01 '자동차 탄 엔트리봇' 오브젝트에 블록 코드 입력하기

❶ 엔트리에서 [불러오기(📄)]-[오프라인 작품 불러오기]를 클릭하고 [불러올 파일]-[03장]-'횡단보도 건너기(2).ent' 파일을 불러옵니다.

❷ '자동차 탄 엔트리봇' 오브젝트를 선택하고 [모양] 탭을 클릭한 다음 사용할 모양만 남기고 삭제합니다.

   ※ 사용할 모양 : 자동차 탄 엔트리봇_앞1, 자동차 탄 엔트리봇_뒤3

❸ '자동차 탄 엔트리봇' 오브젝트가 "빨간신호"를 받았을 때 왔다 갔다 하는 움직임과 모양을 나타낼 블록 코드를 만들어 봅니다.

   ● 움직이기(2초, y: -200, y: 200), '다음' 모양으로 바꾸기, 모양 숨기기

02 '자동차 사고 엔트리봇' 오브젝트에 블록 코드 입력하기

❶ '자동차 사고 엔트리봇' 오브젝트를 선택하고 사용할 모양만 남기고 삭제합니다.

※ **사용할 모양** : 자동차 사고 엔트리봇_앞1

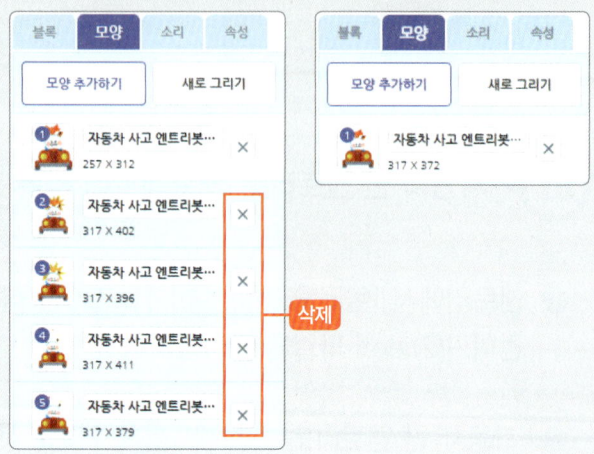

❷ '자동차 탄 엔트리봇' 오브젝트가 "빨간신호"를 받았을 때 왔다 갔다 하는 움직임과 모양을 나타낼 블록 코드를 만들어 봅니다.

- 시작했을 때 모양 숨기기
- 초록신호 받았을 때 "자동차 급정지" 소리 추가, 소리 크기(10%), 모양 보이기

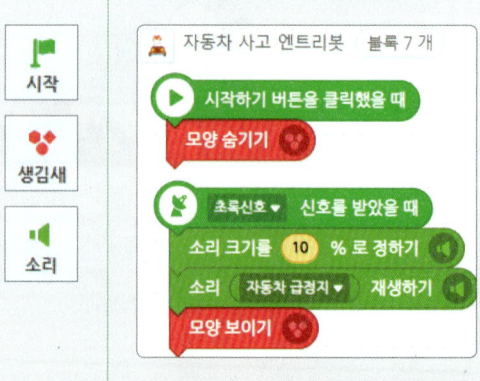

03 '걷는 엔트리' 오브젝트에 블록 코드 입력하기

❶ '걷는 엔트리' 오브젝트가 "초록신호"를 받았을 때 혼잣말을 음성으로 나타낼 수 있도록 다음과 같은 블록 코드를 만들어 봅니다.

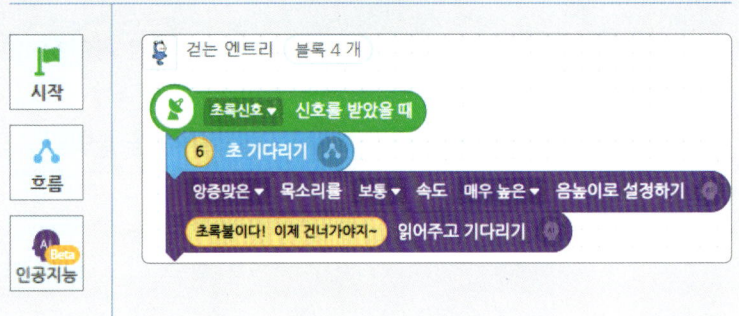

> **TIP**
> 엔트리가 횡단보도를 건너기 전에 급하게 멈추는 자동차를 기다리는 시간이 필요하기 때문에 '6초' 기다리기 블록 코드를 사용합니다.

❷ '자동차 사고 엔트리봇' 오브젝트가 완전히 멈춘 다음 '걷는 엔트리' 오브젝트가 횡단보도를 건너가는 블록 코드를 만들어 봅니다.
- '다음' 모양으로 '0.1'초 동안 x: 35 y: 0 만큼 움직이기, 20번 반복하기
- '빠르게 걷는 소리1' 소리 추가하고 재생하기

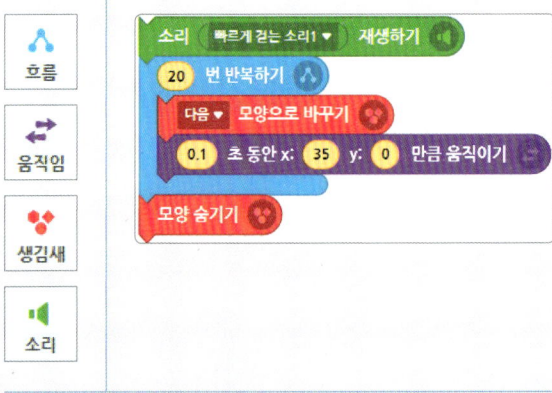

> **TIP**
> 걷는 모습을 표현하기 위해 다음 그림과 같이 2가지 모양 모두 사용합니다.

❸ ▶시작하기 단추를 클릭하여 동작이 되는지 확인합니다.

❹ 완성된 파일을 [저장하기(💾)]-[저장하기]를 클릭합니다.

CHAPTER 03 상상에 코딩을 더해서

■ 불러올 파일 : [03장]-3장 상상 코딩.ent   ■ 완성된 파일 : 3장 상상 코딩_완성.ent

더하기 스토리⁺

상상기차는 어떤 신호에 철도를 지나갈 수 있는지 알아보고, 기차 신호수의 움직임도 확인해 봅니다.

01 '철도신호등' 오브젝트에서 '상상기차'가 녹색 신호와 적색 신호를 받았을 때 어떤 신호를 보내야 하는지 아래 블록을 참고해서 조립해 봅니다.

02 '기차신호수' 오브젝트를 아래 그림을 참고해서 움직임과 멘트를 자유롭게 만들어 봅니다.

CHAPTER 04

AI 기상정보(1)

■ 불러올 파일 : [04장]- AI 기상정보(1).ent   ■ 완성된 파일 : AI 기상정보(1)_완성.ent

AI처럼 생각해 보기

● 색상이 같은 별 모양끼리 칸이 겹치지 않게 연결해 보세요.

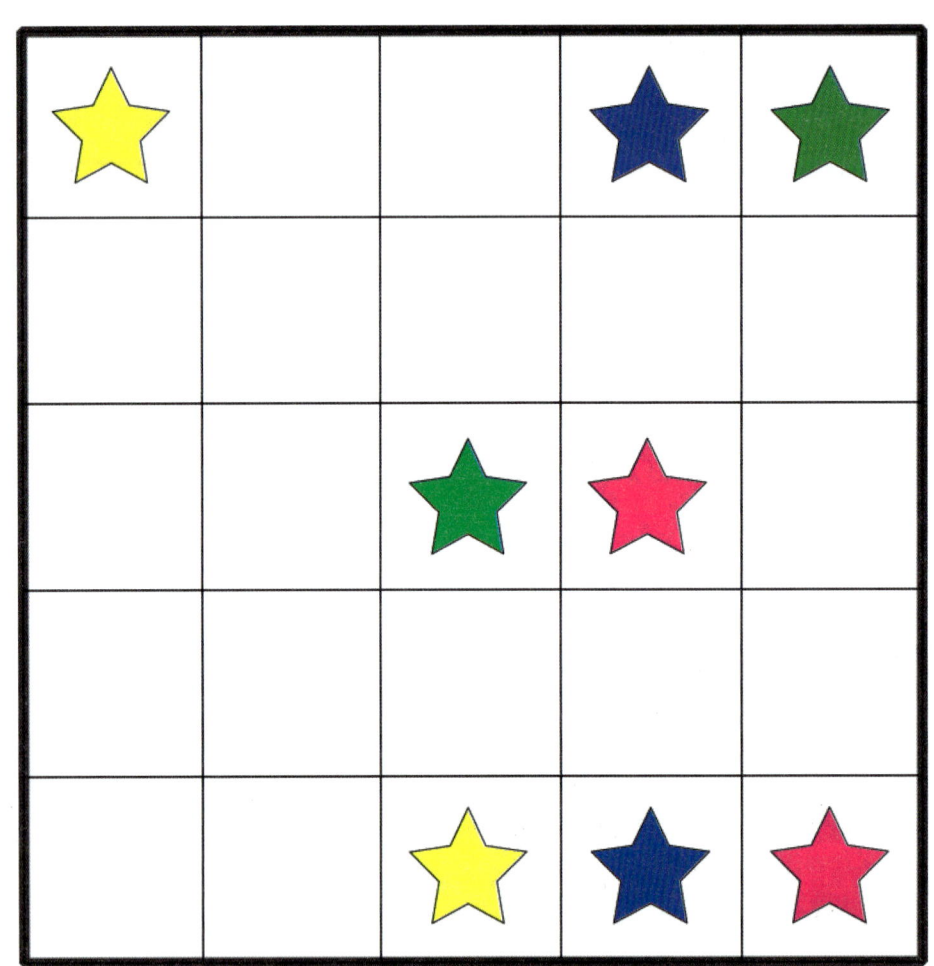

스토리 현재 서울의 날씨, 기온, 미세 먼지 농도를 알아 봅니다.

이런건 배워요!
확장 블록과 텍스트 합치기 블록 코드 알아보기

- 인공지능(AI) 블록에서 읽어주기 기능을 사용하는 방법에 대해 알아봅니다.
- 확장 블록에서 날씨 불러오기 기능을 사용하는 방법에 대해 알아봅니다.
- 계산 블록에서 텍스트 합치기 블록 코드를 사용하는 방법에 대해 알아봅니다.

01 엔트리 파일 불러오기

❶ 엔트리에서 [불러오기( )]-[오프라인 작품 불러오기]를 클릭합니다.

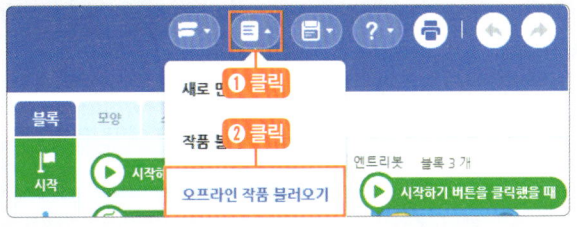

❷ [불러올 파일]-[04장]-'AI 기상정보(1).ent' 파일을 불러온 다음 ┌ 오브젝트 추가하기 ┐를 눌러 다음과 같이 오브젝트를 추가하여 위치와 크기를 변경하여 배치해 봅니다.
  • **오브젝트** : '맑음.png', '글상자', '글상자1'
  • **오브젝트 이름변경** : '날씨', '기온표시', '미세먼지표시'

  ※ '기상배경', '기상캐스터', '날씨상자', '기온상자', '미세먼지상자' 오브젝트는 불러오기 파일에 이미 추가되어 있기 때문에 수정하지 않도록 합니다.

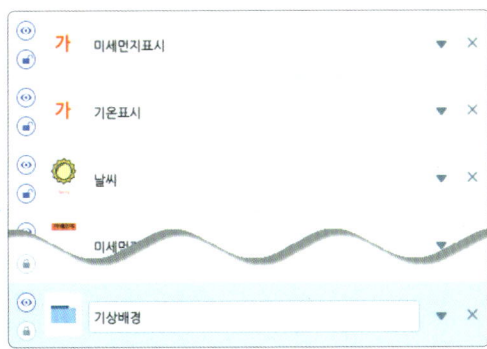

❸ '날씨' 오브젝트에 '맑음' 오브젝트 모양을 제외한 6개 오브젝트 모양을 추가하기 위해 [모양] 탭에서 <모양 추가하기>-[파일올리기]-[파일올리기( )]를 클릭합니다. 이어서, [열기] 대화상자가 나오면 [불러올 파일]-[04장] 폴더에서 날씨 모양을 선택하고 <열기> 단추를 클릭한 다음 <추가하기> 단추를 클릭합니다.

- 파일명 : '눈송이.png', '비.png', '약간흐림.png', '일부흐림.png', '진눈깨비.png', '흐림.png'

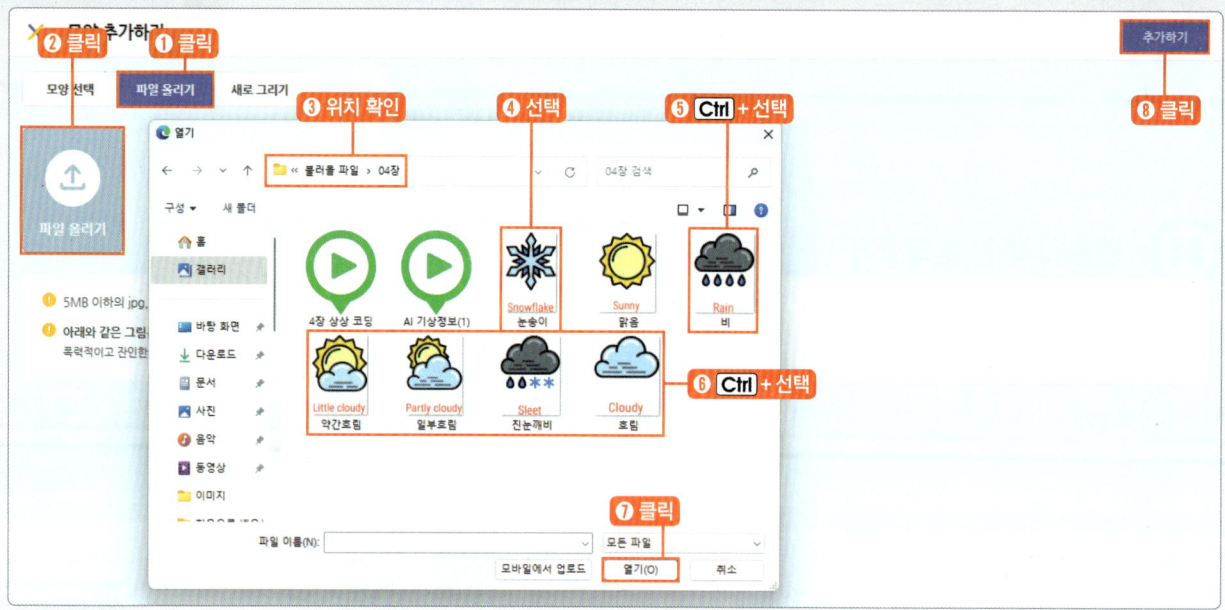

TIP
비연속적인 파일은 Ctrl 키를 누른 상태에서 원하는 파일을 마우스로 클릭해서 파일을 선택할 수 있습니다.

02 신호 추가하기

❶ 서울의 미세 먼지 농도, 기온, 날씨를 표시하게 하는 신호를 보내기 위해서 [속성] 탭-[신호]-<신호 추가하기> 단추를 클릭하고 다음과 같이 신호를 만들어 줍니다.

※ 신호 이름 : 날씨표시, 기온표시, 미세먼지농도표시

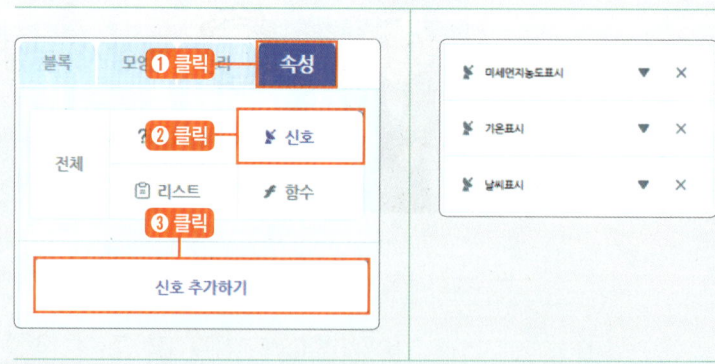

03 "날씨" 확장 블록 불러오기

❶ 블록에서 <확장 블록 불러오기> 단추를 클릭합니다. 이어서, "날씨" 블록 모음을 선택하고 <불러오기> 단추를 클릭합니다.

❷ 기상정보에 필요한 날씨 블록은 다음과 같습니다.

04 '기상캐스터' 오브젝트에 블록 코드 입력하기

❶ [시작하기 버튼을 클릭했을 때] '기상캐스터' 오브젝트가 진행 멘트를 음성으로 나타낼 수 있도록 아래와 같은 블록 코드를 만들어 봅니다.

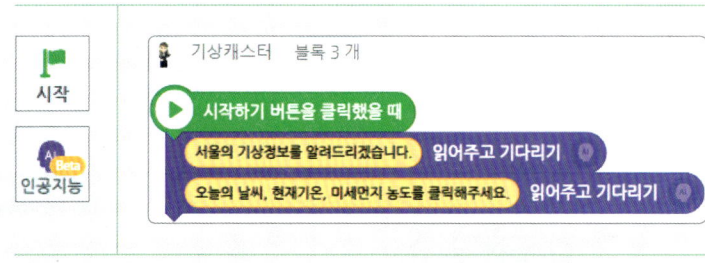

'날씨상자', '기온상자', '미세먼지상자' 오브젝트에 블록 코드 입력하기

❶ '날씨상자' 오브젝트를 클릭했을 때 "날씨표시" 신호를 보낼 수 있도록 다음과 같은 블록 코드를 만들어 봅니다.

- **'기온상자' 오브젝트** : "기온표시" 신호 보내기
- **'미세먼지상자' 오브젝트** : "미세먼지표시" 신호 보내기

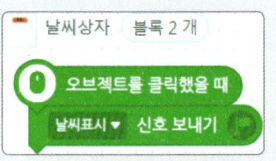
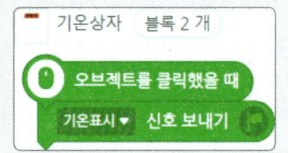
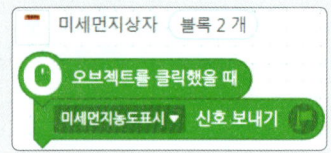

※ '날씨', '기온', '미세먼지' 오브젝트에 사용되는 블록 꾸러미의 블록 사용 방법을 다음 그림을 보고 알아봅니다.

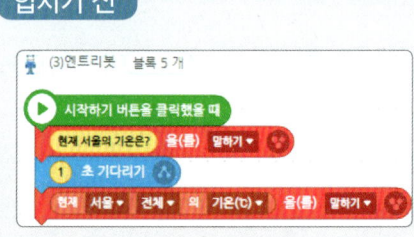

합치기 전

합치기 후

CHAPTER 04 상상에 코딩을 더해서

■ 불러올 파일 : [04장]-4장 상상 코딩.ent   ■ 완성된 파일 : 4장 상상 코딩_완성.ent

더하기 스토리＋
전국의 강수량을 알아 봅니다.

01 지역명을 클릭하면 오늘의 강수량을 알려줄 수 있도록 아래 블록을 참고해서 조립해 봅니다.

예시) 서울을 클릭했을 때, 강수량이 텍스트로 표시되고, 음성으로 말해주기
  텍스트표시 – "00 ㎜"
  음성 내용 – "오늘 서울의 강수량은 00 미리미터입니다."

 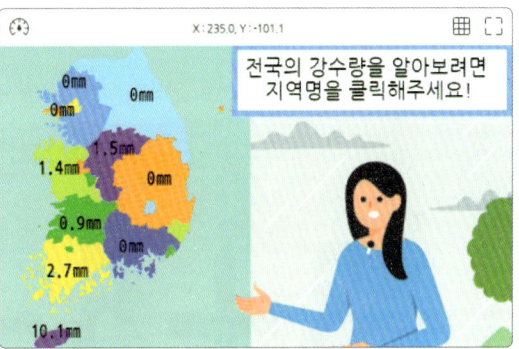

TIP
각 지역에 완성된 코드를 복사하고 지역명을 변경하여 사용합니다.

<정답>

AI 기상정보(2)

■ 불러올 파일 : [05장]- AI 기상정보(2).ent   ■ 완성된 파일 : AI 기상정보(2)_완성.ent

AI처럼 생각해 보기

● 직선 하나만 사용하여 올바른 식을 만들어 봅니다.(단, 등호는 건드리지 않습니다.)

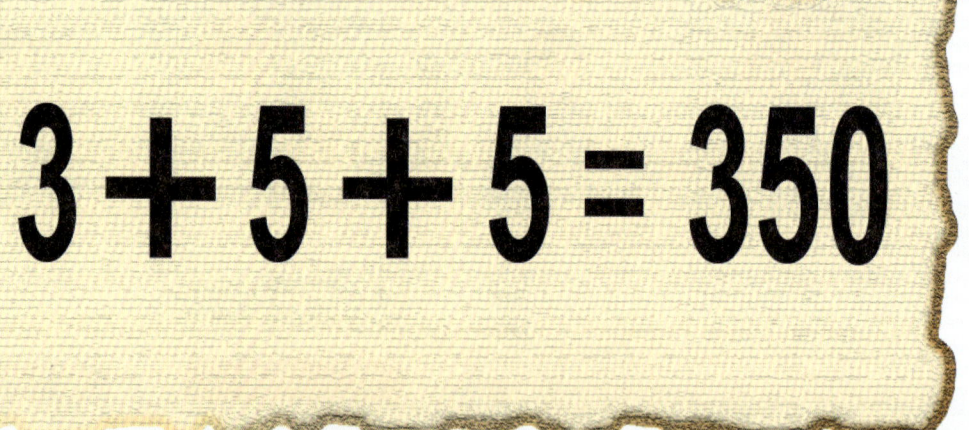

스토리   현재 서울의 날씨, 기온, 미세 먼지 농도를 알아볼까요?

이런건 배워요! 확장 블록과 텍스트 합치기 블록 사용해서 읽어주기 기능 사용하기

- 인공지능(AI) 블록에서 읽어주기 기능을 사용하는 방법을 알아봅니다.
- 확장 블록에서 날씨 불러오기 기능을 사용하는 방법을 알아봅니다.
- 계산 블록에서 텍스트 합치기 블록 코드를 사용하는 방법을 알아봅니다.

01 엔트리 파일 불러오기

❶ 엔트리에서 [불러오기( )]-[오프라인 작품 불러오기]를 클릭하고 [불러올 파일]-[05장]-'AI 기상정보(2).ent' 파일을 불러옵니다.

02 '날씨' 오브젝트에 블록 코드 입력하기

❶ [시작하기 버튼을 클릭했을 때]-'날씨' 오브젝트의 모양을 숨기는 블록 코드를 만들어 봅니다.

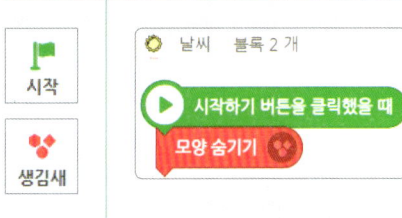

❷ "날씨표시" 신호를 받았을 때 날씨 모양이 보이고 음성으로 말해줄 수 있도록 블록 코드를 만들어 봅니다.

※ 이전 04차시에서 불러온 날씨 확장 블록에서 오늘▼ 서울▼ 전체▼ 의 날씨가 맑음 인가? 블록을 사용합니다.

- "오늘의 날씨는", "맑음", "입니다" 읽어주고 기다리기
- 만일 "오늘 서울 전체의 날씨가 맑음인가?" 라면 "맑음" 모양으로 바꾸고, 모양 보이기

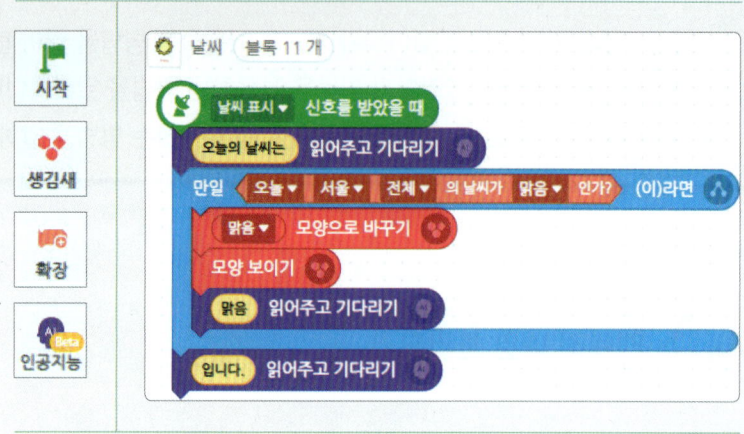

❸ 날씨의 정보는 다음과 같이 목록에서 날씨 종류와 모양을 지정할 수 있습니다.

날씨	모양	읽어주기
맑음	맑음	맑음
구름조금	일부흐림	구름조금
구름많음	일부흐림	날씨
흐림	흐림	흐림
비	비	비
진눈깨비	진눈깨비	진눈깨비
눈	눈송이	눈

❹ 반복되는 코드는 [코드 복사 & 붙여넣기]를 사용하고 마지막에 `입니다. 읽어주고 기다리기` 블록 코드를 입력합니다.

❺ ▶시작하기 단추를 클릭하여 전체 날씨가 제대로 모양이 바뀌고, 읽어주는지 확인합니다.

03 '기온표시' 오브젝트에 블록 코드 입력하기

❶ [시작하기 버튼을 클릭했을 때]-'기온표시' 오브젝트의 모양을 숨기는 블록 코드를 만들어 봅니다.

❷ "기온표시" 신호를 받았을 때 기온이 표시되고 음성으로 말해줄 수 있도록 블록 코드를 만들어 봅니다.
- "현재 기온은", "도 입니다." 읽어주고 기다리기
- 합치기 블록 사용해서 결과를 텍스트로 나타내고, 읽어주고 기다리기

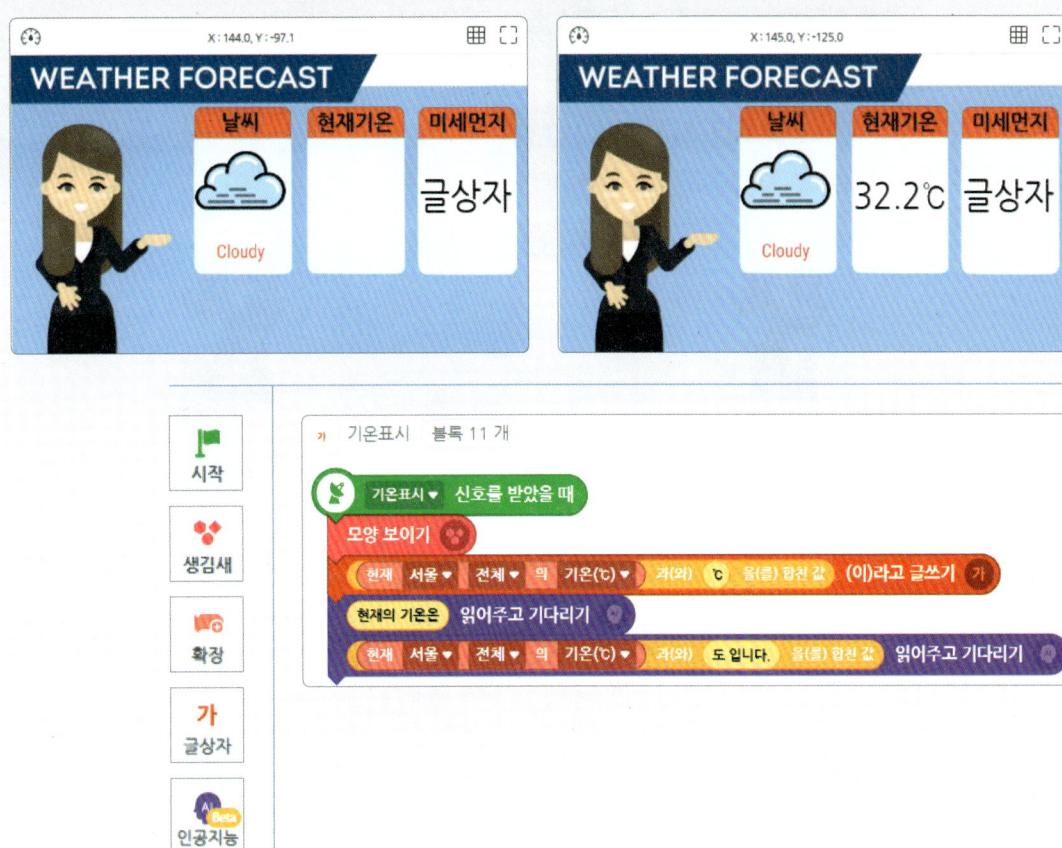

04 '미세먼지표시' 오브젝트에 블록 코드 입력하기

❶ [시작하기 버튼을 클릭했을 때]-'미세먼지표시' 오브젝트의 모양을 숨기는 블록 코드를 만들어 봅니다.

❷ "미세먼지표시" 신호를 받았을 때 미세 먼지 농도가 표시되고 음성으로 말해줄 수 있도록 블록 코드를 만들어 봅니다.

- "현재 미세먼지농도는", "마이크로그램 입니다." 읽어주고 기다리기
- 합치기 블록 사용해서 결과를 텍스트로 나타내고, 읽어주고 기다리기

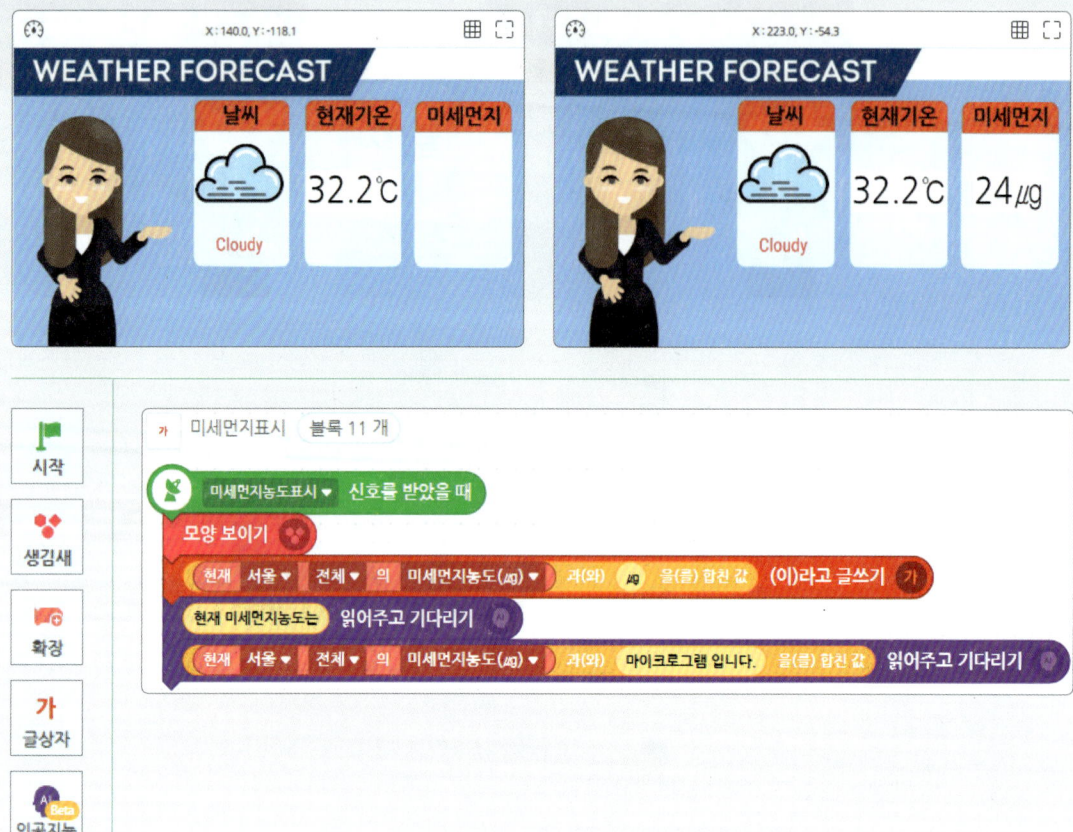

❸ ▶시작하기 단추를 클릭하여 조건에 맞게 동작이 잘 되는지 확인합니다.

❹ 완성된 파일을 [저장하기(💾)]-[저장하기]를 클릭합니다.

CHAPTER 05 · 문제해결능력 · 상상에 코딩을 더해서

■ 불러올 파일 : [05장]-5장 상상 코딩.ent   ■ 완성된 파일 : 5장 상상 코딩_완성.ent

더하기 스토리⁺
학교폭력 예방 방법에 대한 교육을 잘 받을 수 있을까요?

01 [장면2]에서는 학교폭력 예방 방법이 2가지입니다. 반복되는 코드를 줄이고, [장면3]에서 학교폭력 예방 방법이 나올 수 있도록 비어있는 공간에 맞는 블록을 찾아서 조립해 봅니다.

TIP
 블록 코드를 사용하고 신호를 주고 받는 방법을 사용합니다.

CHAPTER 06 연도별 계절 기온 알아보기

■ 불러올 파일 : [06장]- 계절기온 알아보기.ent   ■ 완성된 파일 : 계절기온 알아보기_완성.ent

AI처럼 생각해 보기

● 가로세로 낱말 퍼즐 맞추기

① OOO는 소프트웨어를 통해 미래를 꿈꾸고 함께 성장하는 창작 플랫폼입니다. 블록 코딩 프로그램
② 새로운 오브젝트를 추가할 수 있어요.
③ 카메라를 이용하여 사람(신체), 얼굴, 사물 등을 인식하는 블록 모음입니다.
④ 비디오 감지 기능 중 한가지를 적어봅니다.
⑤ 번역, 비디오 감지, 오디오 감지, 읽어주기 블록을 불러올 수 있는 꾸러미입니다.
⑥ 파파고를 이용하여 다른 언어로 번역할 수 있는 블록 모음입니다.

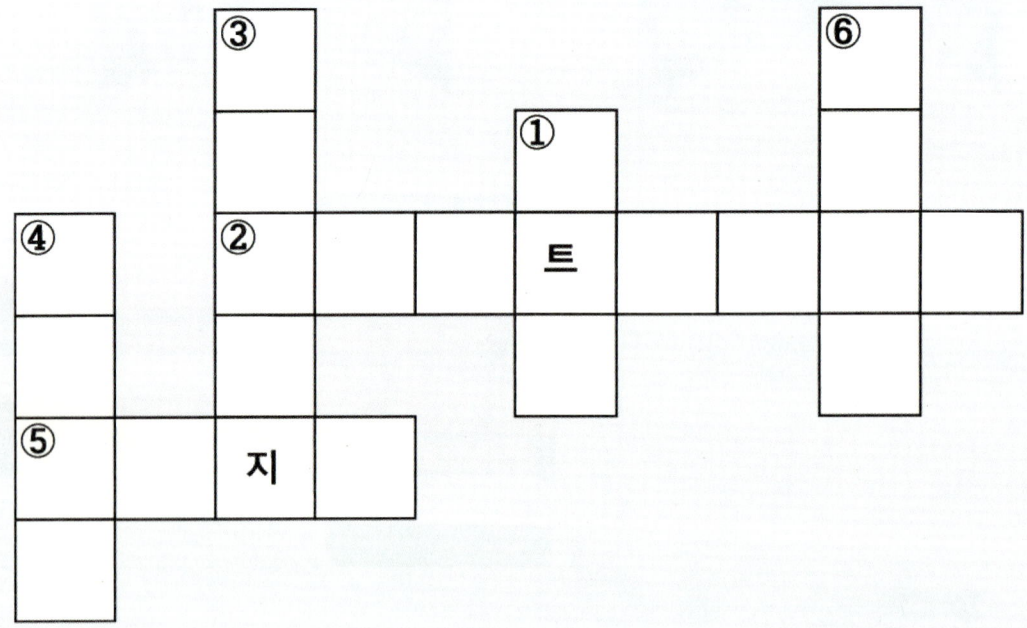

스토리 여러 가지 통계 자료 중 우리나라의 지난 2020년~2022년 3년간의 계절별 기온을 읽어주고, 차트를 보고 변화 현황을 통해 기후 변화 경향을 파악할 수 있는지 확인해 볼까요?

이런걸 배워요! 데이터 테이블 기능에 대해 알아보기

- 인공지능(AI) 블록에서 읽어주기 기능을 사용하는 방법에 대해 알아봅니다.
- 인공지능(AI) 블록에서 데이터 테이블 기능을 사용하는 방법에 대해 알아봅니다.

01 엔트리 파일 불러오기

❶ 엔트리에서 [불러오기( )]-[오프라인 작품 불러오기]를 클릭하고 [불러올 파일]-[06장]-'계절기온 알아보기.ent' 파일을 불러옵니다.

❷ 파일을 불러온 다음 ＋오브젝트 추가하기 를 클릭하고 다음과 같이 '베란다 거실', '소피' 오브젝트를 추가한 다음 위치와 크기를 변경하여 배치해 봅니다.

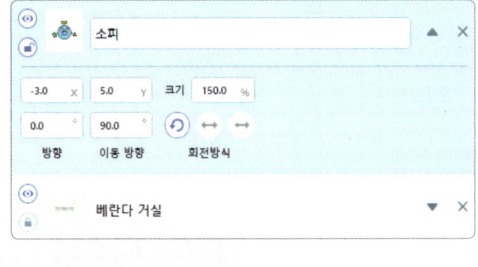

02 변수 추가하기

❶ 시작하는 값의 행을 지정해 주고, 대답으로 입력받은 계절명의 행을 지정해 주기 위해서 [속성] 탭-[변수]를 클릭한 후, <변수 추가하기> 단추를 클릭한 다음 '행' 변수를 만들어 줍니다.

CHAPTER 06 연도별 계절 기온 알아보기 045

03 공공데이터 수집하기

❶ 기상청의 기온 자료를 얻기 위해 인터넷 검색창에 '기상자료개방포털'을 검색하거나 다음 URL주소를 입력하여 접속합니다. 이어서, [기후통계분석]을 클릭합니다.

※ URL주소 : https://data.kma.go.kr/

❷ 다음과 같이 검색 조건을 설정하고 <검색> 단추를 클릭합니다. 이어서, <Excel> 단추를 클릭합니다.

※ 자료 구분(계절), 기간(2020~2022), 지역/지점(전국)

❸ 다운로드 된 'Excel' 파일을 참고하여 다음과 같이 필요한 데이터만 정리합니다.

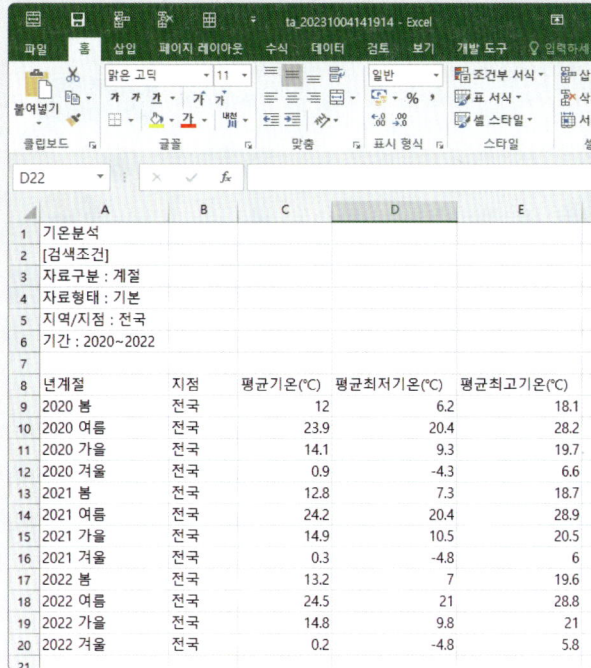

▲ 필요한 데이터

04 데이터 테이블 추가하기

❶ [데이터 분석(데이터분석)]에서 테이블 불러오기를 합니다. 이어서, [테이블 추가하기]-[파일 올리기]를 클릭하고 <파일 선택> 단추를 클릭합니다.

❷ [불러올 파일]-[06장]에서 '계절별기온.xlsx' 파일을 선택하고 <열기> 단추를 클릭합니다.

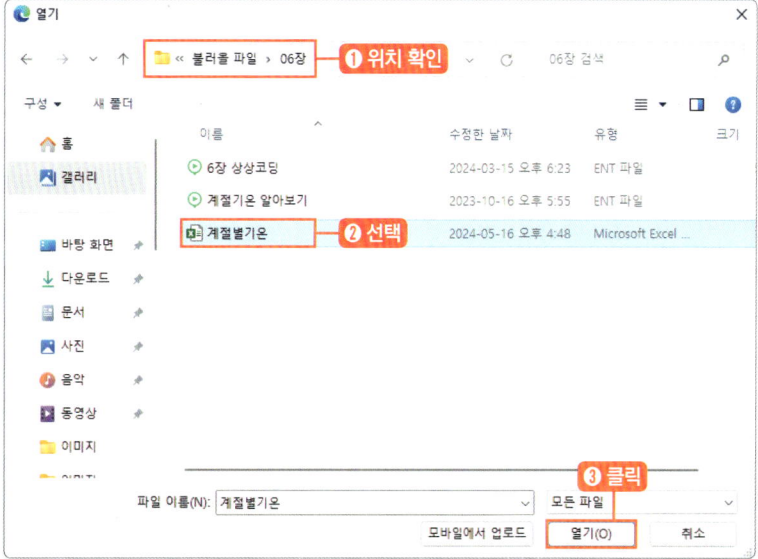

❸ '계절별기온.xlsx' 파일이 추가된 부분을 확인하고 <추가하기> 단추를 클릭합니다.

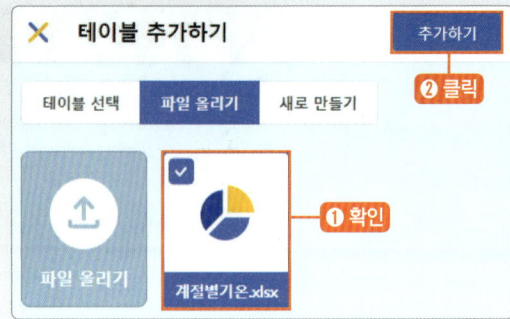

❹ 이어서, 추가된 데이터를 확인하고 <적용하기> 단추를 클릭합니다.

❺ [데이터분석] 블록 꾸러미에 블록 코드가 추가 되었는지 확인합니다.

※ 사용할 데이터는 우리나라의 연평균 계절별 기온 변화의 추이를 알 수 있는 데이터로 전문 자료가 아닌 참고용으로 사용할 수 있습니다.

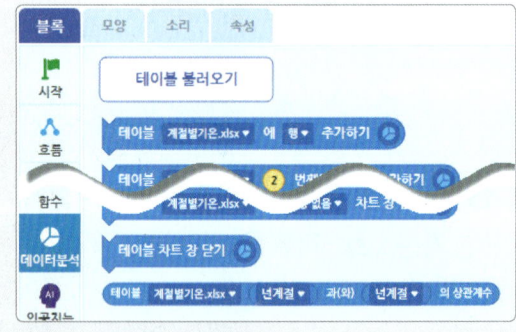

05 '소피' 오브젝트에 블록 코드 입력하기

❶ [인공지능( )]에서 인공지능 블록 불러오기하고 읽어주기 기능을 사용하기 위한 블록 코드를 불러옵니다.

❷ [시작하기 버튼을 클릭했을 때] 계절명을 입력할 수 있는 입력창을 만들고 음성으로 나타내줄 수 있도록 블록 코드를 만들어 봅니다.

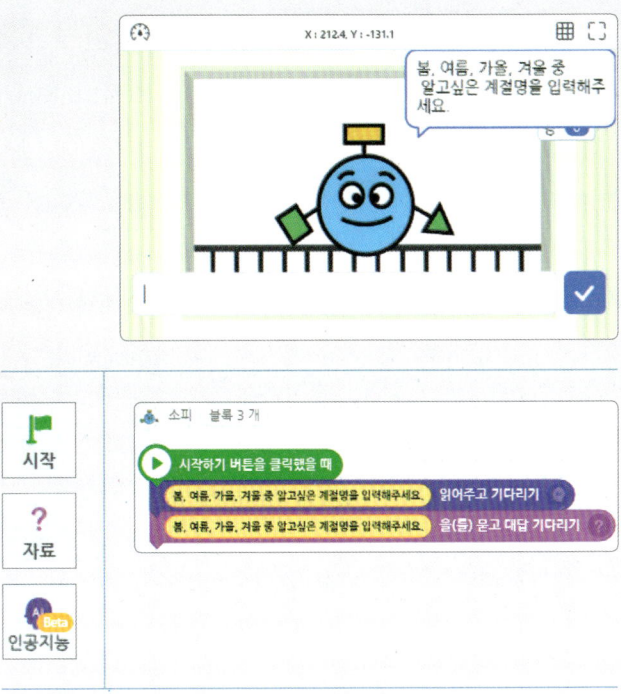

❸ 계절명을 입력받은 대답이 '계절별기온.xlsx' 테이블의 계절이 있는 행과 같아질 때까지 행의 변수에 1만큼 반복해서 더해줄 수 있는 블록 코드를 만들어 봅니다.
   • 데이터 테이블의 2번째 행부터 시작하기(행 변수를 2로 정하기)

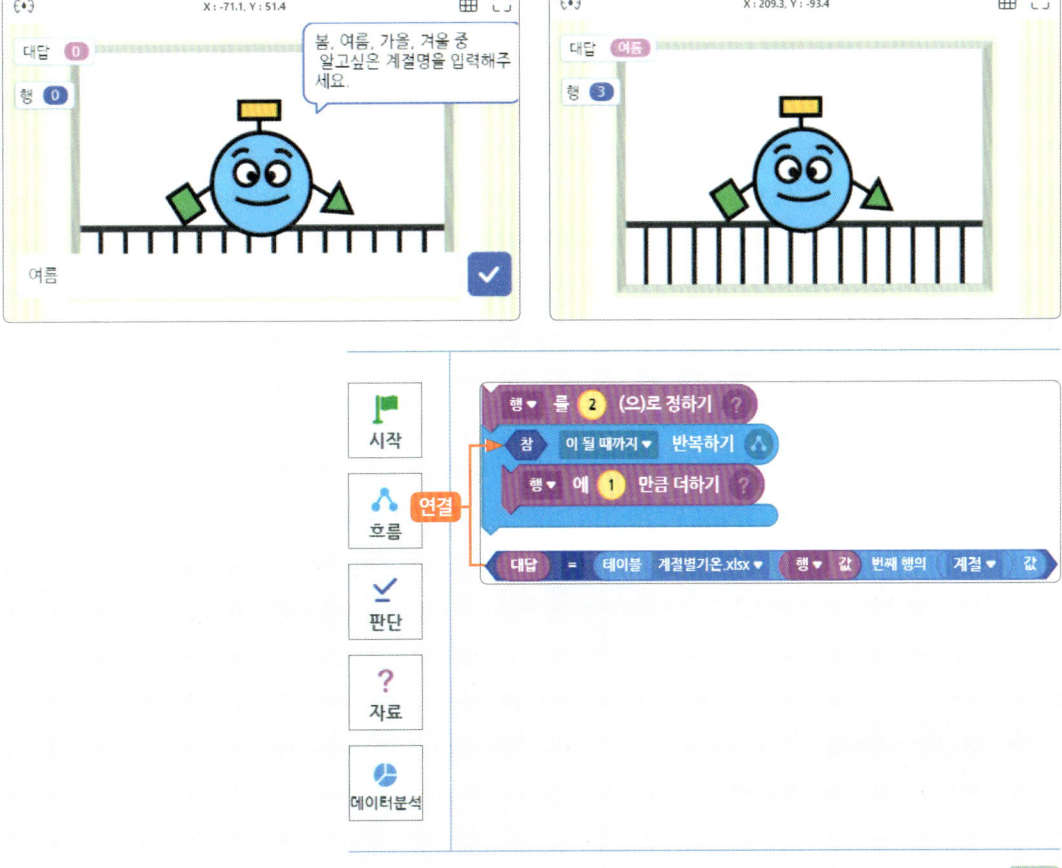

CHAPTER 06 연도별 계절 기온 알아보기

❹ 다음과 같이 대답에 저장된 계절명과 테이블의 연도값을 지정해 주고 합치기 기능을 이용해서 말풍선을 나타내는 블록 코드를 만들어 봅니다.

❺ 이어서, 말풍선의 내용을 읽어주고 기다리기 기능을 사용해서 음성으로 나타낼 수 있는 블록 코드를 만들어 봅니다.

❻ 2020년 데이터를 말하기와 읽어주고 기다리기 블록 코드가 완성이 되면 [코드복사 & 붙여넣기] 해서 '계절별기온.xlsx' 테이블의 2021년, 2022년 값으로 변경해 주고 다음과 같이 처음부터 다시 시작할 수 있도록 블록 코드를 추가하여 조립합니다.

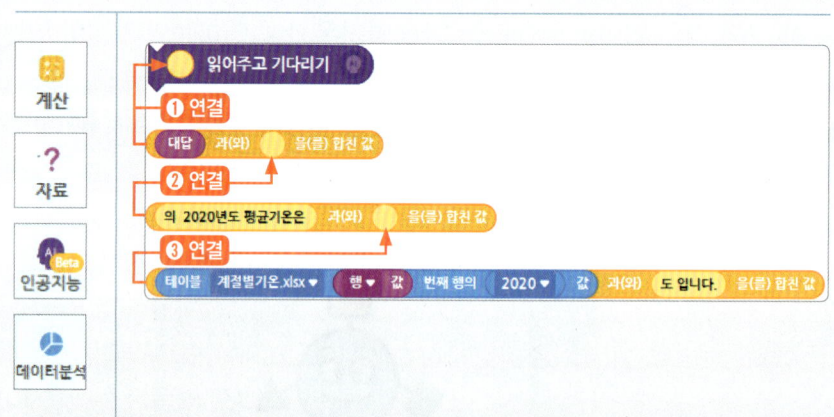

❼ ▶시작하기 단추를 클릭하여 조건에 맞게 동작이 잘 되는지 확인하고 완성된 파일을 [저장하기(📄▼)]-[저장하기]를 클릭합니다.

CHAPTER 06 상상에 코딩을 더해서

문제해결능력

■ 불러올 파일 : [06장]-6장 상상 코딩.ent   ■ 완성된 파일 : 6장 상상 코딩_완성.ent

더하기 스토리⁺

계절명을 입력하고 연도별로 평균기온을 알아보는데 조금 부족한 부분이 있는 것 같아요. 여러분이 찾아보고 수정해 볼까요?

01 다음 코드를 보고 계절명을 입력해달라는 말풍선과 음성이 동시에 같이 나올 수 있도록 블록 코드를 수정해 봅니다.

02 기온을 읽어주는 동안 데이터 테이블이 팝업 창으로 표시되고, 읽어주기가 끝나면 말풍선이 사라지는 블록 코드를 만들어 봅니다.

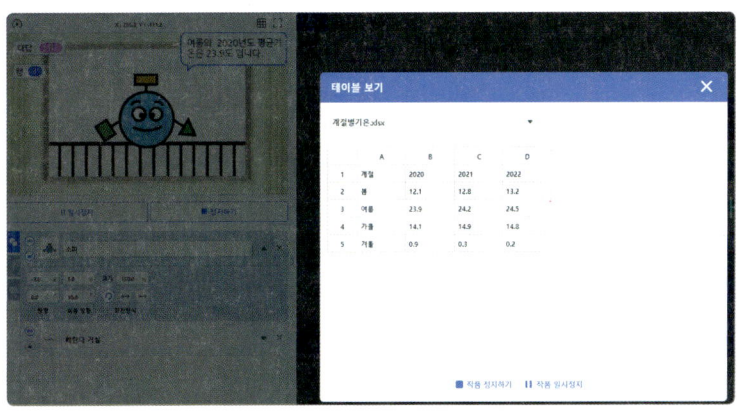

03 다음과 같이 '행' 변수의 기본 값을 '2'로 설정했을 때, 없애야 하는 블록 코드가 있어요. 찾아서 수정해 봅니다.

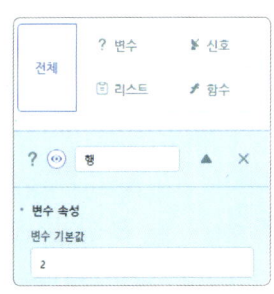

CHAPTER 07 우리집 AI

📁 불러올 파일 : [07장]- 우리집 AI.ent   📁 완성된 파일 : 우리집 AI_완성.ent

AI처럼 생각해 보기

● 물음표에 들어갈 알맞은 숫자를 적어봅니다.

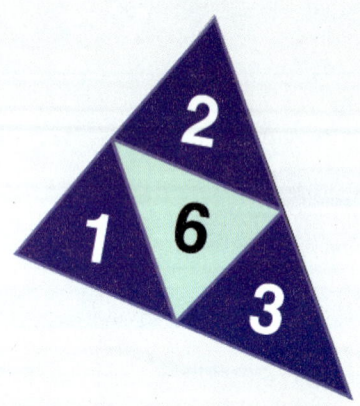
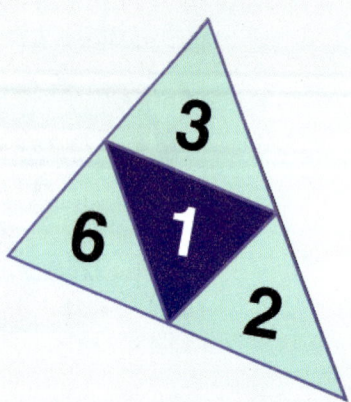
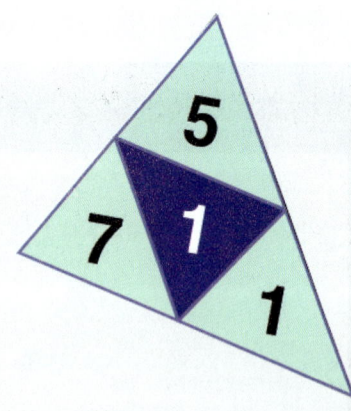
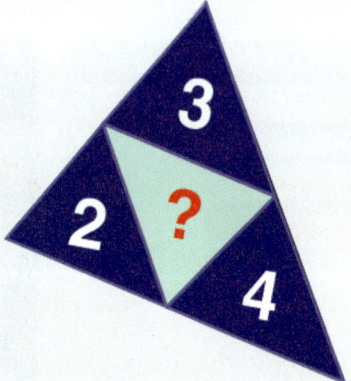

스토리

휴대폰에 "하이! 빅○○~" 또는 "시○야~"라고 말하면 자동으로 음성을 인식해서 처리하는 앱을 사용해 본 적 있죠? 실제로 생활에서 많이 사용되고 있어요. 그래서 우리집 AI 음성인식 프로그램을 만들어 보기로 해요!

이런것 배워요! 오디오 감지 기능에 대해 알아보기

- 인공지능(AI) 블록에서 읽어주기 기능을 사용하는 방법을 알아봅니다.
- 인공지능(AI) 블록에서 오디오 감지 기능을 사용하는 방법을 알아봅니다.

01 엔트리 파일 불러오기

❶ [불러올 파일]-[07장]-'우리집 AI.ent' 파일을 불러온 다음 ┌ + 오브젝트 추가하기 ┐를 클릭하고 다음과 같이 오브젝트를 추가한 후, 위치와 크기를 변경하여 배치해 봅니다.

※ **오브젝트** : 창문1, 전등(1), 에어컨, 소파, 구겨진 종이, 쓰레기, 물, (묶음) 마이크 버튼, (묶음) 청소봇

02 신호 추가하기

❶ '(묶음) 마이크 버튼' 오브젝트와 음성 명령 실행할 오브젝트들에 대한 신호를 추가합니다.
- 창문에 사용된 오브젝트 : [묶음] 마이크 버튼, 창문1
- 에어컨에 사용된 오브젝트 : [묶음] 마이크 버튼, 에어컨
- 청소에 사용된 오브젝트 : [묶음] 마이크 버튼, [묶음] 청소봇, 물, 쓰레기, 구겨진 종이
- 전등에 사용된 오브젝트 : [묶음] 마이크 버튼, 전등(1)

03 인공지능 블록 불러오기

❶ 마이크에 음성으로 명령하면 인식해서 사용할 수 있는 블록들을 추가합니다.

※ [인공지능] : [음성 인식], [읽어주기]

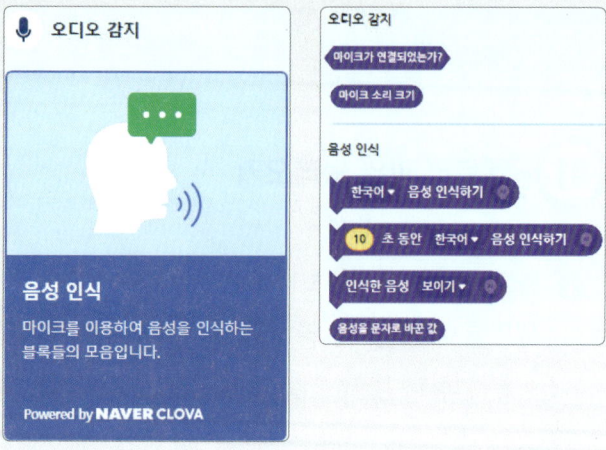

04 '[묶음] 마이크 버튼' 오브젝트에 블록 코드 입력하기

❶ [시작하기 버튼을 클릭했을 때] 안내 멘트와 마이크의 크기와 밝기가 반복해서 달라지고 마우스가 닿았을 때 멈출 수 있는 블록 코드를 만들어 봅니다.

- "안녕하세요! 우리 집 AI입니다. 마우스로 클릭해서 말씀해주세요!" 읽어주기
- 마우스 포인터에 닿을 때까지 반복하기
- 밝기 효과 주기(-100, 100), 크기 바꾸기(-10, 10)

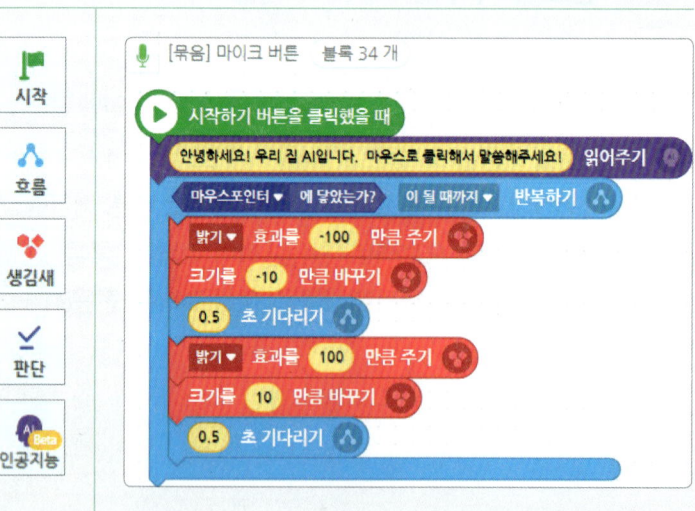

❷ 마이크가 연결이 되었으면 마이크를 클릭한 다음 음성으로 명령하고 인식될 수 있도록 블록 코드를 만들어 봅니다.

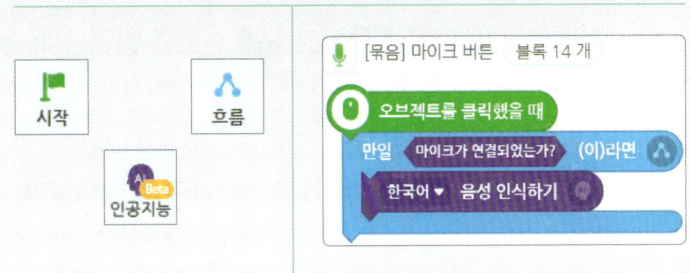

❸ 이어서, "창문 열어줘"라는 음성 명령을 하고 인식된 음성 값에 맞게 신호를 보내는 블록 코드를 만들어 봅니다.

- 만일 음성을 문자로 바꾼 값에서 '창문'의 시작 위치가 0보다 큼

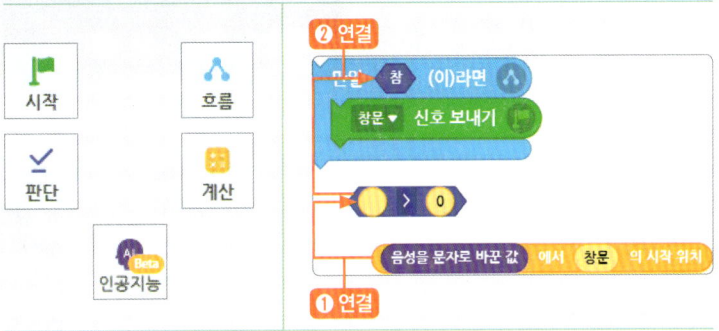

❹ 창문 신호 보내기 블록 코드가 완성되면 [코드 복사 & 붙여넣기] 해서 에어컨, 청소, 전등 신호 보내기 블록 코드를 만들고 다음과 같이 블록을 조립합니다.

05 '창문1' 오브젝트에 블록 코드 입력하기

❶ '창문1' 오브젝트를 선택하고 창문 신호를 받았을 때 음성 명령에 따라 창문이 열림, 닫힘 모양으로 바뀌는 블록 코드를 만들어 봅니다.

- "창문 열어줘~" '창문_열림' 모양으로 바꾸기 / 시작 문자 "열"
- "창문 닫아줘~" '창문_닫힘' 모양으로 바꾸기 / 시작 문자 "닫"

※ '전등(1)', '에어컨' 오브젝트에도 모양이 바뀌도록 [코드복사&붙여넣기] 후 수정합니다.

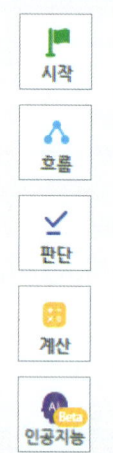

'[묶음] 청소봇' 오브젝트에 블록 코드 입력하기

❶ '청소' 신호를 받았을 때, 청소봇이 구겨진 종이, 물, 쓰레기를 움직이면서 청소해 줄 수 있도록 블록 코드를 만들어 봅니다.

- "청소 해줘~" 청소 시작 '과부하 청소봇', 청소 끝 '웃는 청소봇' 모양 바꾸기 / 시작 문자 "해"
  구겨진 종이, 물, 쓰레기로 이동했다가 다시 처음 위치로 돌아오기
- "청소 하지마!" '잠자는 청소봇' 모양 바꾸기 / 시작 문자 "하"

07 '구겨진 종이', '물', '쓰레기' 오브젝트에 블록 코드 입력하기

❶ 구겨진 종이가 청소봇에 닿으면 사라지도록 블록 코드를 만들어 봅니다.

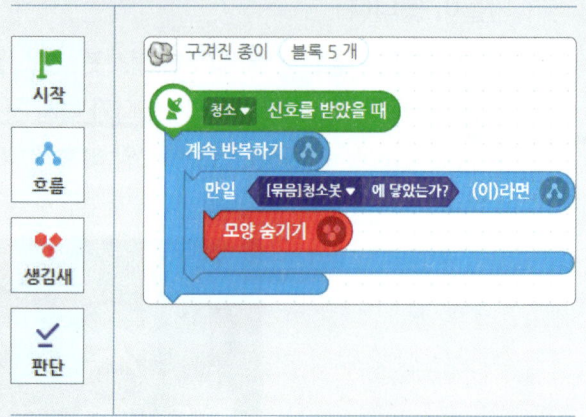

❷ 완성된 블록 코드에서 마우스 오른쪽 단추를 눌러 [코드 복사]를 클릭한 다음 '물' 오브젝트를 클릭 후, 블록 조립소에서 마우스 오른쪽 단추를 눌러 [붙여넣기]를 클릭합니다.

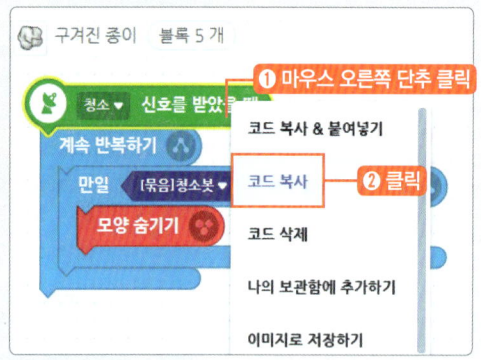
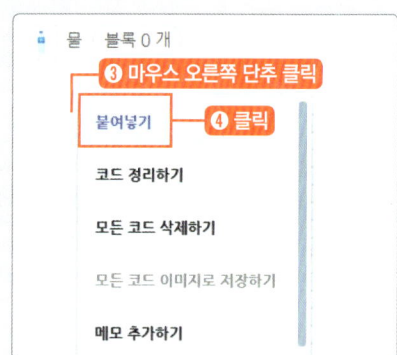

❸ 같은 방법으로 '쓰레기' 오브젝트를 클릭한 다음 블록 코드를 붙여넣기합니다.

❹ ▶시작하기 단추를 클릭하여 조건에 맞게 동작이 잘 되는지 확인하고 완성된 파일을 [저장하기(💾)] -[저장하기]를 클릭합니다.

CHAPTER 07 문제해결능력 상상에 코딩을 더해서

■ 불러올 파일 : [07장]-7장 상상 코딩.ent   ■ 완성된 파일 : 7장 상상 코딩_완성.ent

더하기 스토리⁺
우리집 AI 시스템이 임무 수행을 잘하고 있지만 부족한 부분이 있어 보여요. 그래서 아래와 같이 블록 코드를 추가해서 만들어 볼까요?

01 창문이 열렸을 때 배경이 밝아지고, 닫혔을 때 어두워지도록 블록 코드를 만들어 봅니다.

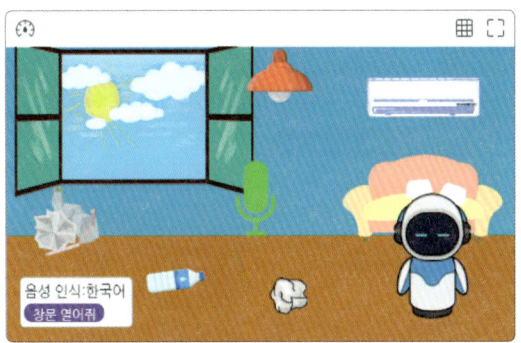

02 음성 명령을 잘못했을 때 "다시 말해 주시겠어요?"라고 읽어줄 수 있도록 블록 코드를 만들어 봅니다.

정답

CHAPTER 08 - 컴퓨팅 사고력 완성하기(종합실습)

01 [불러올 파일]-[08장]에서 '종합실습.ent' 파일을 불러오고 완성해 봅니다.

■ 다음과 같이 신호를 만들고 블록 코딩을 완성합니다.

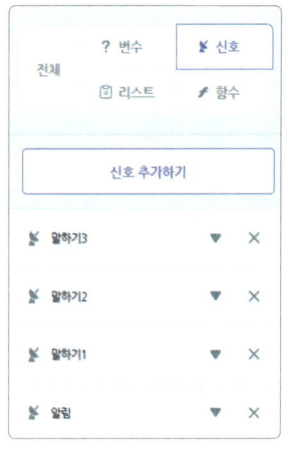
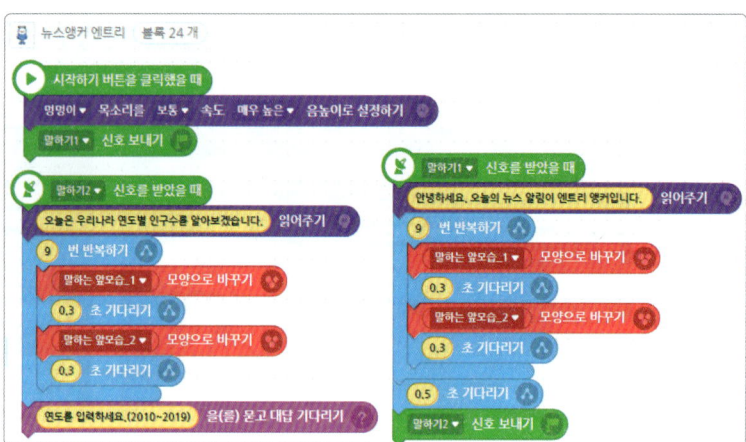

02 [데이터 분석]-[테이블 불러오기]에서 '총 인구' 테이블을 추가합니다.

■ 추가된 테이블에서 2010년도 총인구는 몇 번째 행에 있는지 확인합니다.

03 '뉴스앵커 엔트리' 오브젝트에서 [묻고 대답 기다리기] 블록 코드 이후에 들어갈 블록 코드를 생각해 봅니다.

04 다음과 같이 변수를 만들고 블록 코딩을 완성합니다.

- '행변환' 변수는 화면에 나타나지 않도록 숨겨줍니다.
- 빈 칸에 들어갈 숫자를 입력해 보고 [시작하기]를 눌러서 동작을 확인합니다.

05 '알림' 글상자 오브젝트에 다음과 같이 블록 코딩을 완성하고 동작을 확인합니다.

06 '2010년' 인구수만 확인하는 블록 코드를 만들었습니다. 이제 2011년부터 2019년까지 총 인구수를 확인하는 블록 코딩을 완성해 봅니다.

['2019'를 입력한 결과]

AI 번역기(1)

■ 불러올 파일 : [09장]- AI번역기(1).ent   ■ 완성된 파일 : AI번역기(1)_완성.ent

AI처럼 생각해 보기

● 세 개의 성냥개비를 움직여 등식을 성립시켜 봅니다.

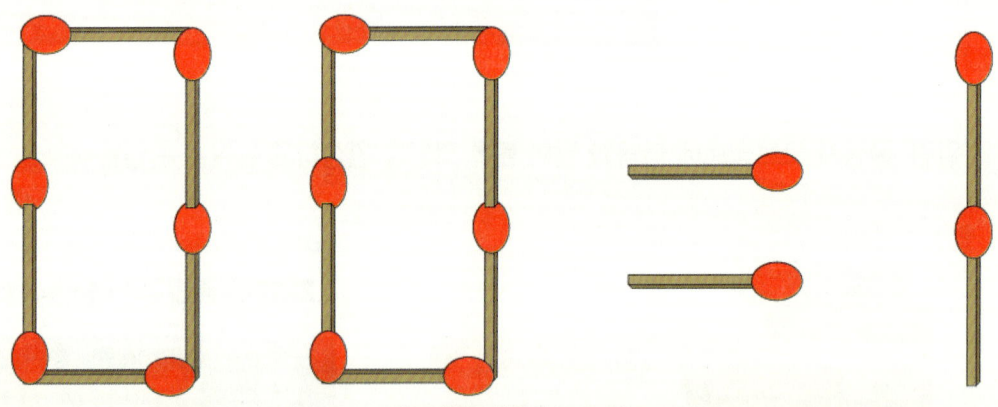

스토리 옛날에는 번역을 하려면 책으로 된 단어 사전에서 모르는 단어를 찾아서 우리말로 해석해야 했어요. 그런데 지금은 '번역' 기능을 이용해서 빠르고 쉽게 해석해 줄 수 있어요. 번역할 나라를 선택하고 내용을 입력하면 AI '번역로봇'이 자동으로 번역해 주는 프로그램을 만들어 볼까요?

이런걸 배워요! 번역 기능에 대해 알아보기

- 인공지능(AI) 블록에서 읽어주기 기능과 번역 기능을 사용하는 방법을 알아봅니다.

01 [장면1] 탭에 오브젝트 추가 및 블록 코드 입력하기

❶ 엔트리에서 [불러오기( )]-[오프라인 작품 불러오기]를 클릭하고 [불러올 파일]-[09장]-'AI번역기(1).ent' 파일을 불러옵니다.

❷ [장면1] 탭에 파일 올리기로 [불러올 파일]-[09장]-'번역로봇.png' 오브젝트를 추가한 다음 [인공지능 블록 불러오기]에서 [번역], [읽어주기]을 선택하고 <불러오기> 단추를 클릭합니다.

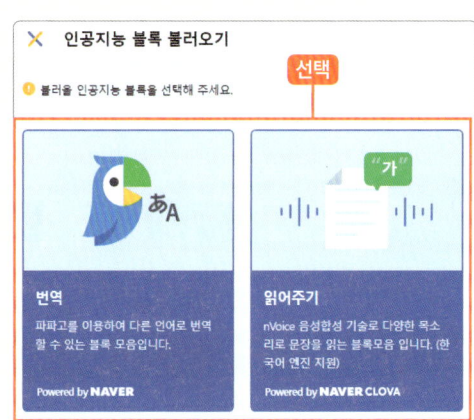

❸ '번역로봇' 오브젝트를 선택한 다음 인사말을 말풍선으로 나타내면서 음성으로 말하고 [장면2]로 넘어갈 수 있도록 블록 코드를 만들어 봅니다.
- 시작하기 버튼을 클릭했을 때
- "안녕하세요! 엔트리 번역로봇입니다." 말하기 / 읽어주고 기다리기
- '앙증맞은' 목소리, '보통' 속도, '매우높은' 음높이로 설정하기
- '다음' 장면 시작하기

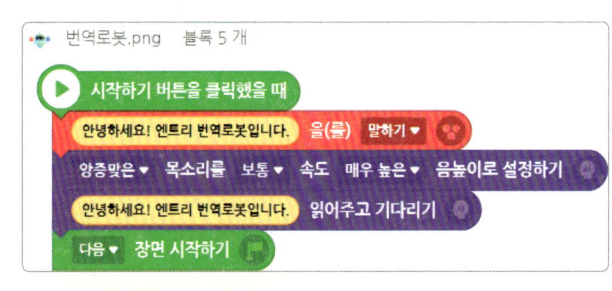

02 [장면2] 탭에 오브젝트 추가하기

❶ [장면2] 탭에 파일 올리기로 '미국', '프랑스', '중국', '독일', '베트남' 5개의 나라의 국기 모양 오브젝트를 다음과 같이 추가하고 크기와 위치를 변경한 다음 오브젝트 잠금을 합니다.

※ **파일 경로** : 불러올 파일 - 09장 - png파일

❷ 이어서, 번역 내용 표시 부분과 국기 모양 아래 나라 이름 글상자 오브젝트를 다음과 같이 추가하고 속성과 이름, 위치를 변경한 다음 오브젝트 잠금을 합니다.

※ 글상자 채우기 색상은 투명입니다.

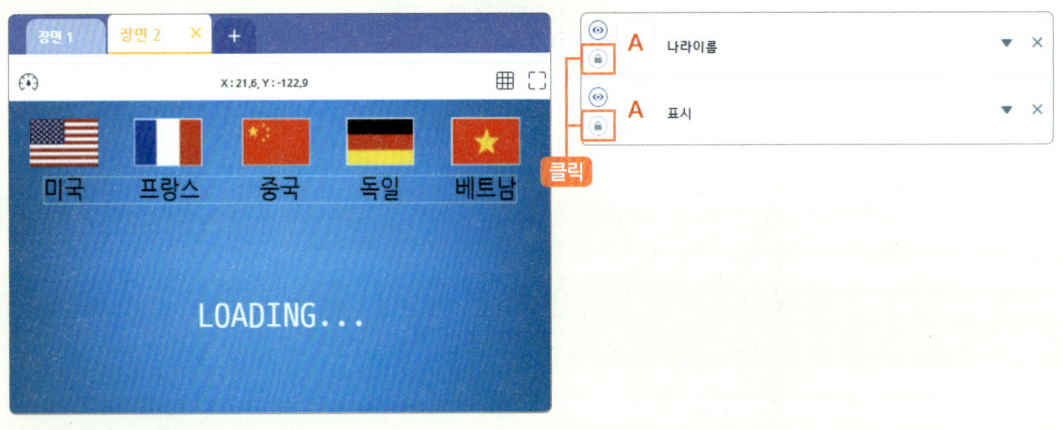

03 신호와 변수 추가하기

❶ 5개 나라의 신호를 주고 받고 내용을 입력 받기 위한 신호와 변수를 추가해 봅니다.

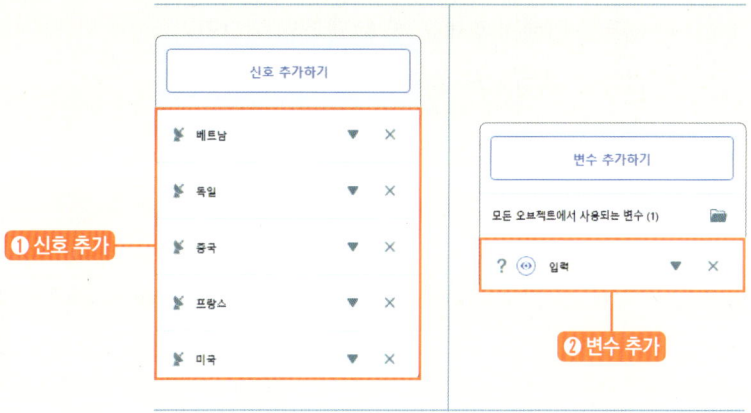

04 [장면2] 탭의 오브젝트에 블록 코드 입력하기

❶ '배경.png' 오브젝트에 장면이 시작되었을 때 나라를 선택할 수 있게 안내가 나오도록 블록 코드를 만들어 봅니다.
- 장면이 시작되었을 때
- '앙증맞은' 목소리, '보통' 속도, '매우 높은' 음높이로 설정
- "나라를 선택해 주세요" 읽어주고 기다리기
- '0.5'초 기다리기

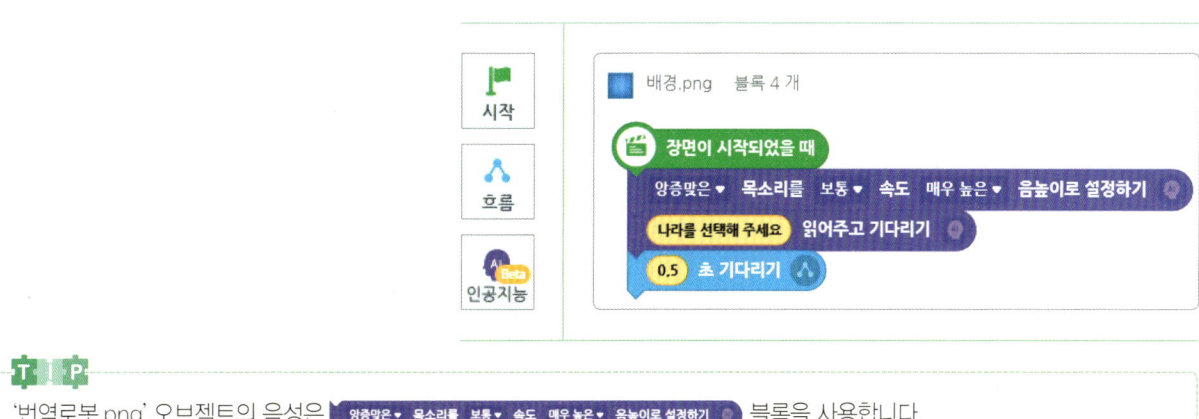

TIP '번역로봇.png' 오브젝트의 음성은 [앙증맞은▼ 목소리를 보통▼ 속도 매우 높은▼ 음높이로 설정하기] 블록을 사용합니다.

❷ '미국.png' 오브젝트를 클릭했을 때 선택 안내 멘트와 입력창에 번역할 내용을 입력할 수 있도록 안내 멘트를 말하고 미국 신호를 보내는 블록 코드를 만들어 봅니다.
- 오브젝트를 클릭했을 때 / '미국' 신호 보내기
- "미국을 선택하셨습니다.", "내용을 입력해 주세요." 읽어주고 기다리기
- "내용을 입력해 주세요."를 묻고 대답 기다리기
- '입력'을 '대답'으로 정하기

❸ '미국' 신호를 받으면 '영어'로 번역해 음성으로 읽어주는 블록 코드를 만들어 줍니다. 다른 나라 오브젝트에도 블록 코드를 복사한 다음 붙여넣기한 후, 신호와 언어를 변경해 줍니다.

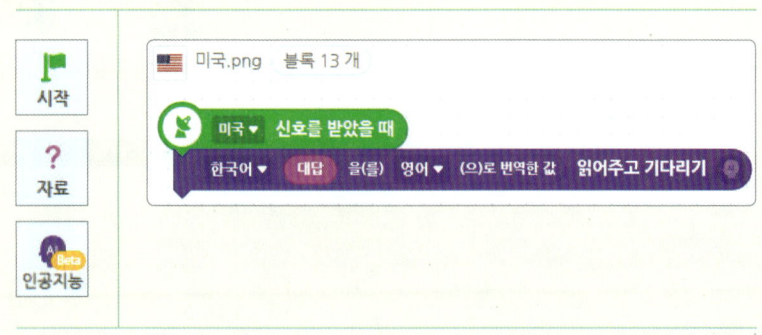

❹ ▶시작하기 단추를 클릭하여 조건에 맞게 동작이 잘 되는지 확인하고 완성된 파일을 [저장하기(💾▼)]-[저장하기]를 클릭합니다.

상상에 코딩을 더해서

■ 불러올 파일 : [09장]-9장 상상 코딩.ent   ■ 완성된 파일 : 9장 상상 코딩_완성.ent

더하기 스토리+

AI 번역기에 번역 전 입력한 내용, 대답한 내용 상자가 나타나 있어요. 보기 불편해서 안 보이게 숨겨놓으려면 어떻게 해야 할까요?

01 [장면1] 탭의 '번역로봇.png' 오브젝트에 대답 ⓪ 상자를 없애기 위한 블록 코드를 찾아서 시작되었을 때 없어지도록 만들어 보고, 입력 ⓪ 상자도 보이지 않도록 설정해 봅니다.

CHAPTER 10 AI 번역기(2)

■ 불러올 파일 : [10장]- AI번역기(2).ent   ■ 완성된 파일 : AI번역기(2)_완성.ent

AI처럼 생각해 보기

● 오려진 부분에 맞는 그림을 찾아 알파벳으로 적어봅니다.

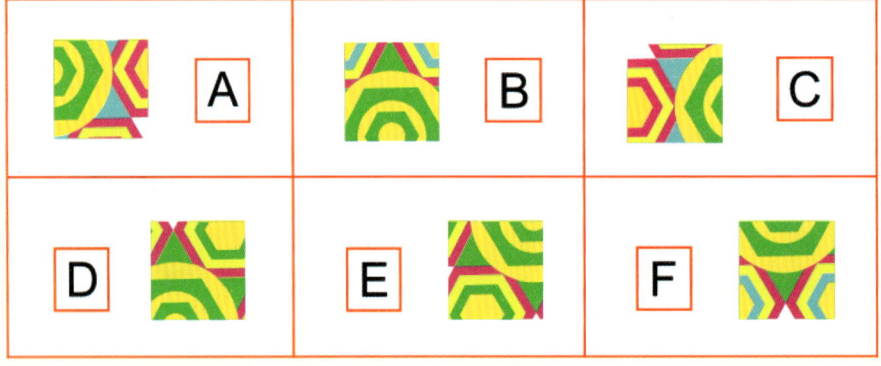

스토리 옛날에는 번역을 하려면 책으로 된 단어 사전에서 모르는 단어를 찾아서 우리말로 해석했어요. 그런데 지금은 '번역' 기능을 이용해서 빠르고 쉽게 해석해 줄 수 있어요. 번역할 나라를 선택하고 내용을 입력하면 AI '번역로봇'이 자동으로 번역해 주는 프로그램을 만들어 볼까요?

이런걸 배워요! 번역 기능에 대해 알아보기

- 인공지능(AI) 블록에서 읽어주기 기능과 번역 기능을 사용하는 방법을 알아봅니다.

01 나라별 국기 모양에 효과 주기

❶ 엔트리에서 [불러오기( )]-[오프라인 작품 불러오기]를 클릭하고 [불러올 파일]-[10장]-'AI번역기(2).ent' 파일을 불러옵니다.

❷ '미국.png' 오브젝트를 선택했을 때, 크기가 커졌다 작아지는 효과를 주기 위한 블록 코드를 만들어 봅니다.

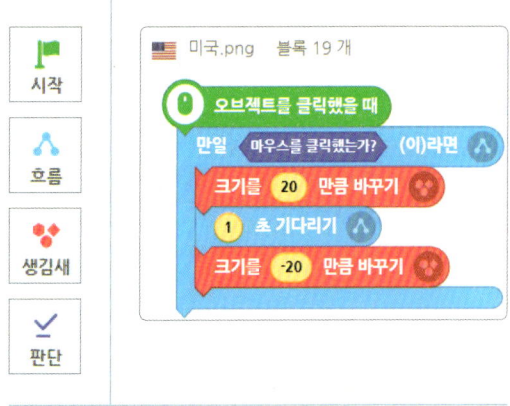

❸ 완성된 블록 코드에서 마우스 오른쪽 단추를 눌러 [코드 복사]를 클릭한 다음 '프랑스' 오브젝트를 클릭 후, 블록 조립소에서 마우스 오른쪽 단추를 눌러 [붙여넣기]를 클릭합니다.

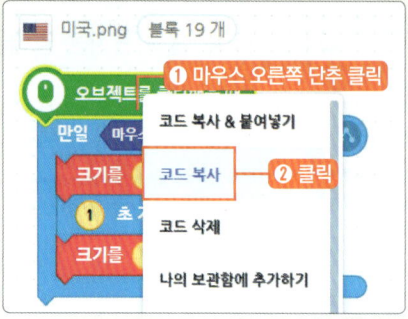 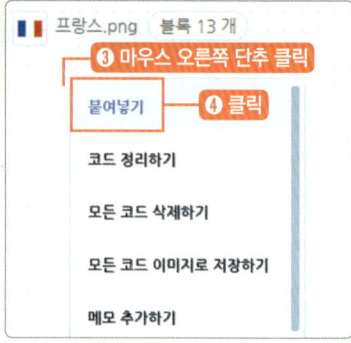

❹ 같은 방법으로 '중국', '독일', '베트남' 오브젝트에 블록 코드를 붙여넣기합니다.

02 '표시' 글상자에 블록 코드 추가하기

❶ 나라 신호를 받았을 때 입력된 내용을 글상자에 텍스트로 나타내고 다시 처음부터 번역기가 시작될 수 있는 블록 코드를 만들어 봅니다.
- '미국' 신호를 받았을 때
- '한국어' '대답'을 '영어'로 번역 글쓰기
- '1초' 기다렸다가 처음부터 다시 실행하기

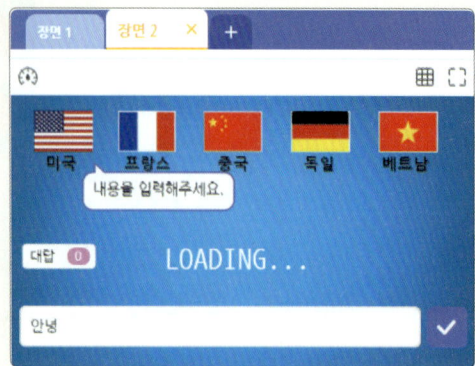 

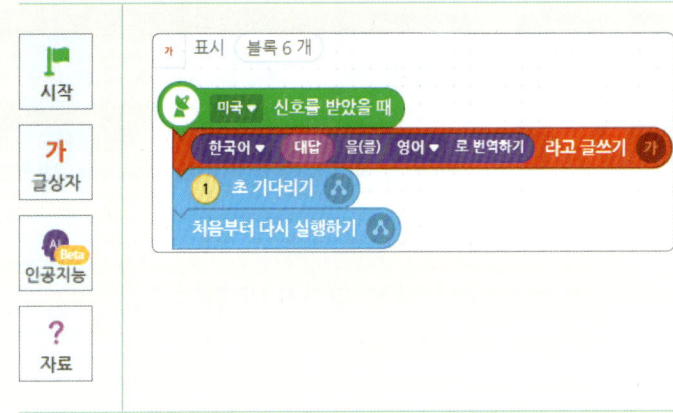

❷ '표시' 글상자 오브젝트에 [코드복사 & 붙여넣기] 해서 다음과 같이 프랑스, 중국, 독일, 베트남 신호와 언어를 수정하여 사용합니다.

❸ ▶시작하기 단추를 클릭하여 조건에 맞게 동작이 잘 되는지 확인하고 완성된 파일을 [저장하기( )]-[저장하기]를 클릭합니다.

CHAPTER 10 · 문제해결능력 · 상상에 코딩을 더해서

■ 불러올 파일 : [10장]-10장 상상 코딩.ent   ■ 완성된 파일 : 10장 상상 코딩_완성.ent

더하기 스토리⁺

AI 번역기에 치명적 오류가 발생했어요. 번역한 내용을 잘못 말하고 있는 나라가 발견되었어요. 어떻게 해야 할까요?

01 AI 번역기 작동 중 '베트남어'가 잘못 번역되고 있어서 '스페인어'로 수정해야 합니다. 다음 그림과 같이 오브젝트 이미지 변경, 신호 추가, 블록 코드를 수정해 봅니다.

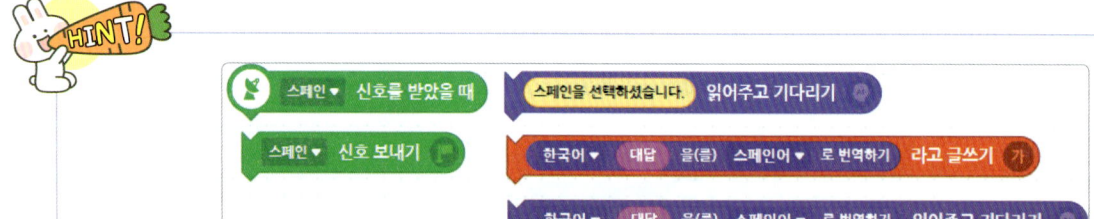

02 AI 번역기에서는 '번역로봇'의 음성을 사용 중입니다. 나라별로 재밌고 다양한 음성으로 번역한 내용을 말해 줄 수 있도록 블록 코드를 추가해 봅니다.

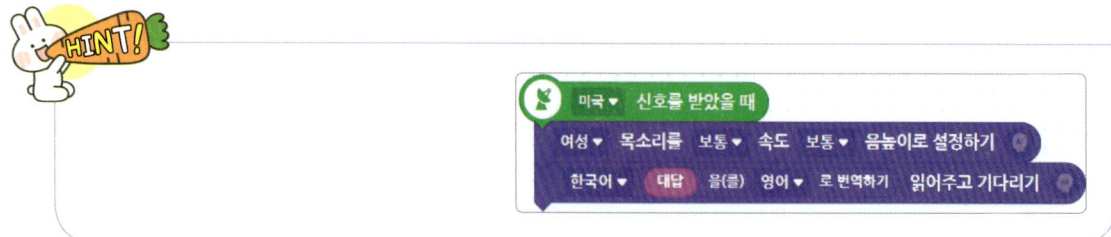

MEMO

종합병원 안내 AI(1)

■ 불러올 파일 : [11장]- AI로봇(1).ent   ■ 완성된 파일 : 종합병원 AI로봇(1)_완성.ent

AI처럼 생각해 보기

● 한 붓 그리기로 가능하지 않는 그림을 찾아보세요.

스토리 아픈 엔트리봇이 종합병원에 가려고 해요. 살고 있는 지역을 알려주면 AI 로봇이 해당 종합병원 목록을 알려준대요. AI 로봇이 학습된 텍스트에 따라 잘 알려주는지 확인해 볼까요?

이런 건 배워요! 텍스트 분류에 대해 알아보기

- 인공지능(AI) 블록에서 읽어주기 기능을 사용하는 방법에 대해 알아봅니다.
- 인공지능(AI) 블록에서 텍스트 분류 기능을 사용하는 방법에 대해 알아봅니다.

01 엔트리 파일 불러오기

① 엔트리에서 [불러오기( )]-[오프라인 작품 불러오기]를 클릭하고 [불러올 파일]-[11장]-'AI로봇(1).ent' 파일을 불러옵니다.

② 파일을 불러온 다음 +오브젝트 추가하기 를 클릭한 다음 'AI로봇.png' 오브젝트를 추가하여 위치와 크기를 변경하고 배치하여 봅니다.

③ '아픈엔트리봇'과 'AI로봇'이 다음 장면으로 넘어갈 때 효과음을 추가하기 위해서 [소리] 탭에서 <소리 추가하기> 단추를 클릭한 다음 '보글거리며 퇴장'을 선택하고 <추가하기> 단추를 클릭합니다.

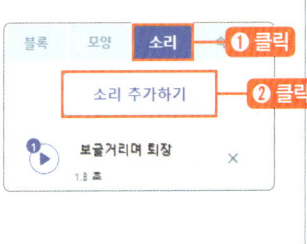 

02 '아픈엔트리봇' 오브젝트에 블록 코드 입력하기

❶ [시작하기 버튼을 클릭했을 때] 아래 그림과 같이 '아픈엔트리봇'이 말하면서 'AI로봇'에게 이동하는 블록 코드를 만들어 봅니다.

- "몸이 아파서 병원에 가야하는데 나는 어디를 가야하지? AI 로봇에게 물어봐야겠다." 말풍선
- 읽어주고 기다리기 후 말풍선 지우기
- '아픈엔트리봇' 이동방향 70° 수정하고 걸어가는 모습 표현하기
- 'AI로봇'에 도착하면 소리 재생하고 다음 장면 시작하기

03 다음 장면 만들기

❶ [장면 1] 탭의 이름을 "길"로 변경하고 마우스 오른쪽 버튼을 클릭해서 [복제하기]를 클릭합니다. 이어서, [복제본_길] 탭이 추가되었으면 이름을 "병원안내"로 변경합니다.

❷ [병원안내] 탭을 선택하고 [길] 탭에서 복제된 '아픈엔트리봇1', 'AI 로봇.png1' 오브젝트는 남겨두고 나머지 오브젝트를 삭제합니다. 이어서, '단색배경' 오브젝트를 추가합니다.

❸ AI 로봇이 총 6개의 지역별 종합병원 리스트 오브젝트를 추가하기 위해 [파일 올리기]-[파일 올리기(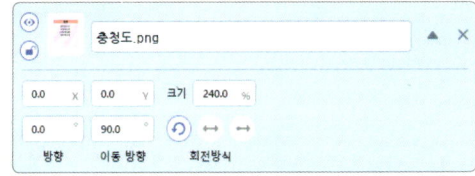)]를 이용하고 다음과 같이 크기(240%)로 변경해서 배치하여 봅니다.

※ 파일명 : '강원도', '경기인천', '경상도', '서울', '전라도', '충청도'

04 신호 추가하기

❶ 지역명을 입력하면 해당 지역의 종합병원 목록을 표시할 수 있도록 신호를 만들어 줍니다.
- 신호 이름 : 강원권, 경기인천권, 서울권, 경상도권, 전라도권, 충청권

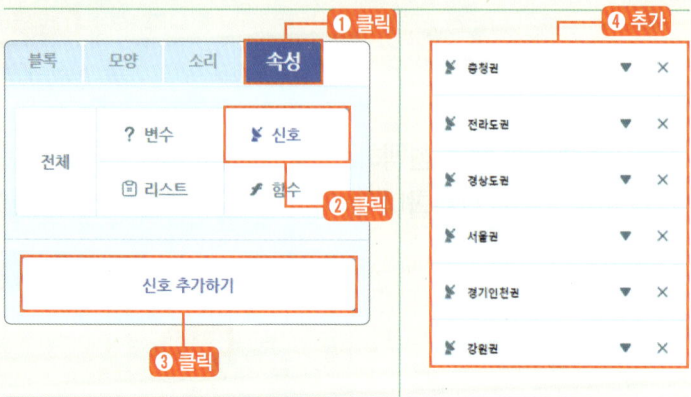

05 텍스트 분류 학습하기

❶ 블록 꾸러미를 선택하고 [인공지능 모델 학습하기]-[분류: 텍스트]를 클릭한 후, <학습하기> 단추를 클릭합니다.

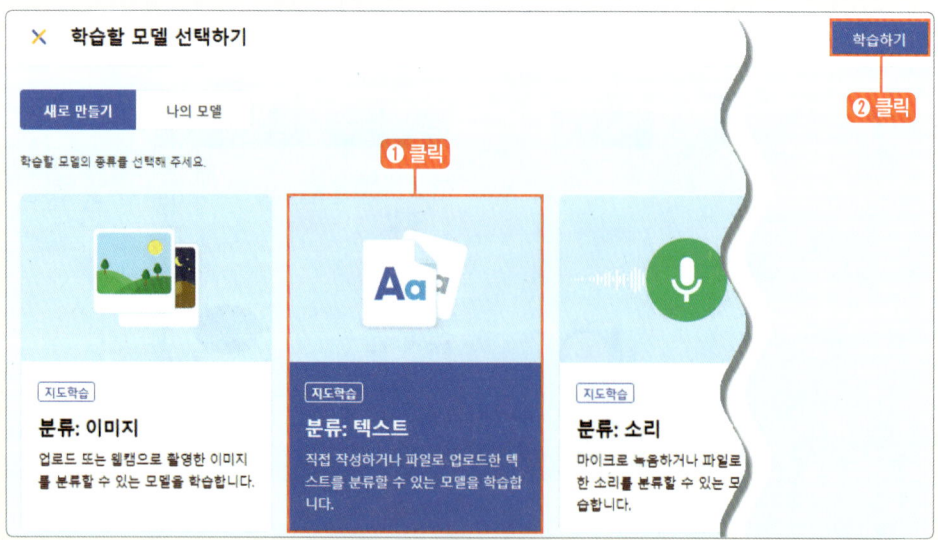

❷ [텍스트 모델 학습하기]에서 학습 주제는 '지역이름'으로 입력합니다.

❸ 클래스는 총 6개로 '강원권', '경기인천권', '서울권', '경상도권', '전라도권', '충청권'을 +클래스 추가하기 합니다.

❹ 시, 군, 구 단위의 분류데이터 입력이 완료되면 <모델 학습하기> 단추를 클릭해서 학습을 완료하고 학습한 결과를 확인하기 위해서 단어를 입력하고 <입력하기> 단추를 클릭해서 결과를 확인합니다.

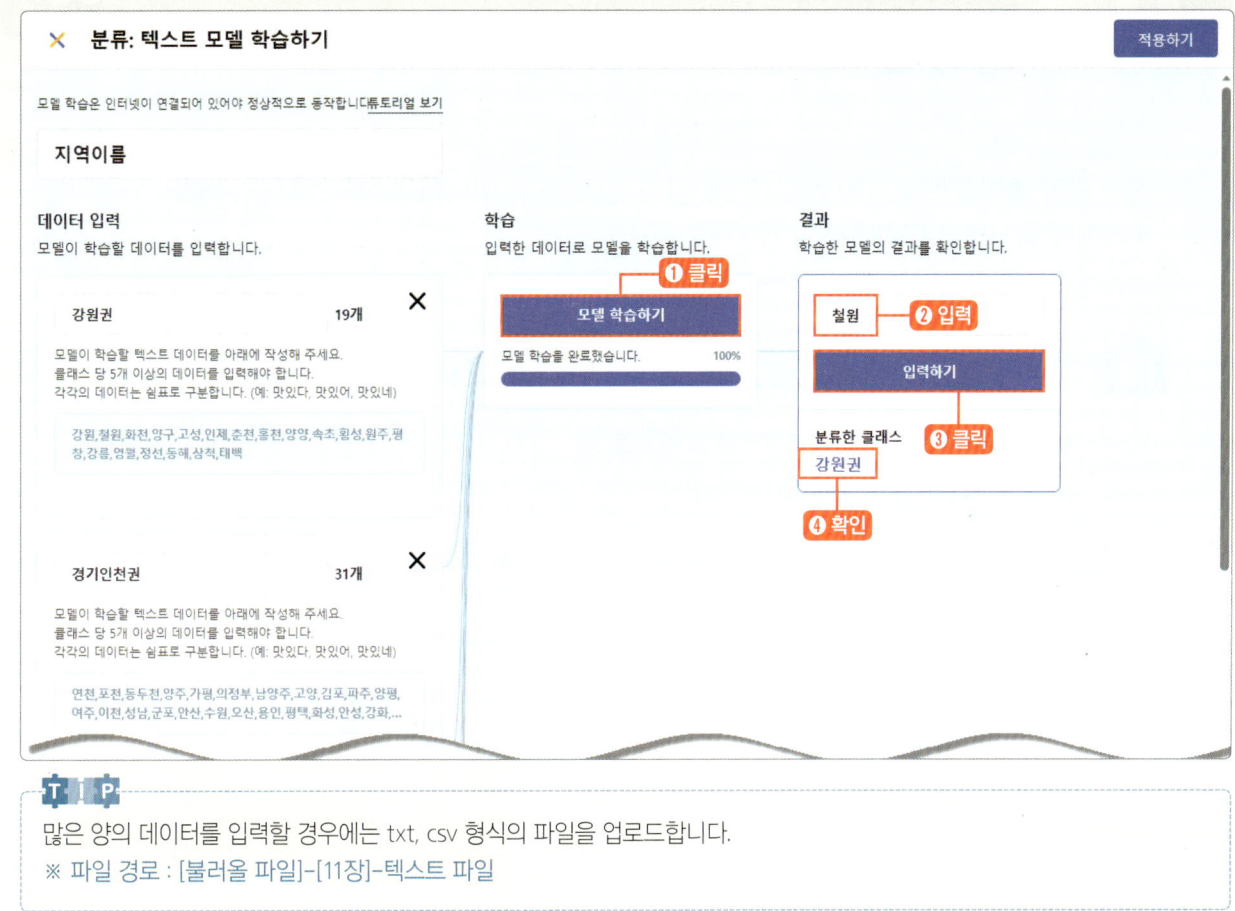

TIP
많은 양의 데이터를 입력할 경우에는 txt, csv 형식의 파일을 업로드합니다.
※ 파일 경로 : [불러올 파일]-[11장]-텍스트 파일

❺ [인공지능 모델 학습하기]가 완료되면 새로운 블록 코드가 생성되고 분류 결과 목록을 확인합니다.

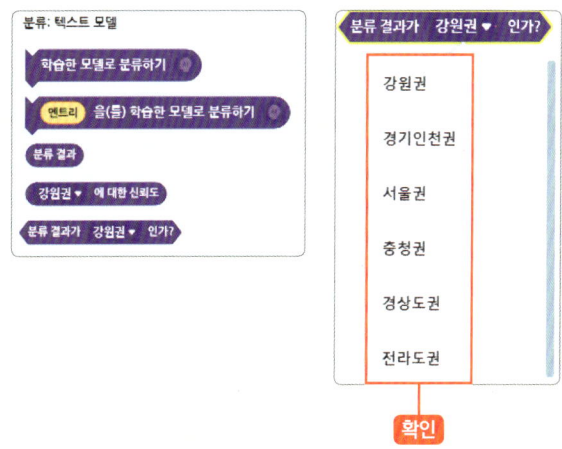

CHAPTER 11 문제해결능력 상상에 코딩을 더해서

■ 불러올 파일 : [11장]-11장 상상 코딩.ent   ■ 완성된 파일 : 11장 상상 코딩_완성.ent

더하기 스토리+
엔트리가 좋아하는 음식이 한식, 중식, 양식, 일식 중에 어디에 포함되는지 궁금해요. 인공지능(AI)에게 음식명을 입력해서 알아보기로 해요!

01 [부엌] 장면에서 [메뉴] 장면으로 넘어갈 때 다음 조건에 맞는 블록 코드를 조립해 봅니다.

- '[묶음] 액체 화살표' 오브젝트를 클릭했을 때
- 소리 '선택1' 재생, '메뉴' 시작하기

02 다음 진행 순서를 보고 [메뉴] 장면에서 음식 입력창으로 되돌아가 다시 입력하도록 만들어 봅니다.

■ 진행순서 : 부엌 – 시작하기 – 화살표 – 메뉴 – 음식명 입력 – 결과 표시 – 음식명 입력

CHAPTER 12 종합병원 안내 AI (2)

■ 불러올 파일 : [12장]- AI로봇(2).ent   ■ 완성된 파일 : AI로봇(2)_완성.ent

AI처럼 생각해 보기

● 전개도를 보고 완성될 상자를 찾아보세요.

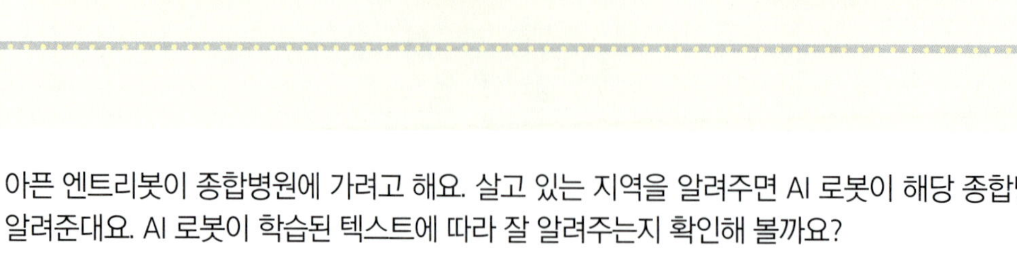

스토리

아픈 엔트리봇이 종합병원에 가려고 해요. 살고 있는 지역을 알려주면 AI 로봇이 해당 종합병원 목록을 알려준대요. AI 로봇이 학습된 텍스트에 따라 잘 알려주는지 확인해 볼까요?

이런걸 배워요! 텍스트 분류에 대해 알아보기

- 인공지능(AI) 블록에서 읽어주기 기능을 사용하는 방법을 알아봅니다.
- 인공지능(AI) 블록에서 텍스트 분류 기능을 사용하는 방법을 알아봅니다.

01 종합병원 리스트 6개 오브젝트에 블록 코드 입력하기

❶ 엔트리에서 [불러오기(📄)]-[오프라인 작품 불러오기]를 클릭하고 [불러올 파일]-[12장]-'AI로봇(2).ent' 파일을 불러옵니다.

❷ '충청도.png' 오브젝트를 선택하고 [장면이 시작되었을 때]와 [신호를 받았을 때]의 모양을 다음과 같이 만들어 봅니다. 그리고 나머지 오브젝트에 블록 코드를 복사하고 붙여넣기 합니다.
- [장면이 시작되었을 때], [모양 숨기기]
- [신호를 받았을 때], [모양 보이기]

02 AI 로봇 오브젝트에 블록 코드 입력하기

❶ 'AI 로봇.png' 오브젝트를 선택하고 장면이 시작되면 시, 도, 군 단위의 지역명을 입력할 수 있도록 다음과 같이 블록 코드를 만들어 봅니다.

- "지역을 입력해 주세요." 말풍선 만들고, 읽어주고 기다리기
- 읽어주고 기다리기 끝나면 말풍선 지우기
- 학습한 모델로 분류하기로 지역명 입력창 나타내기

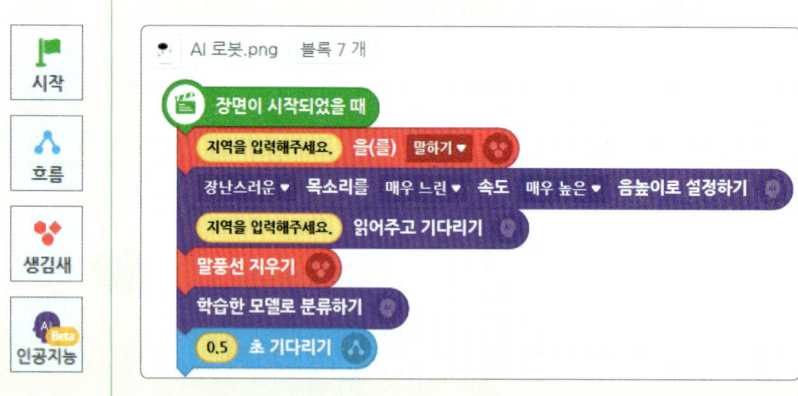

❷ 입력된 지역명 분류에 따라 각 권역별 종합병원 리스트 신호를 주기 위한 블록 코드를 만들어 봅니다.

- [조건] 지역명 분류 결과가 "강원권"이라면 "강원권" 신호 보내기
- 분류 결과 읽어주고 기다리기

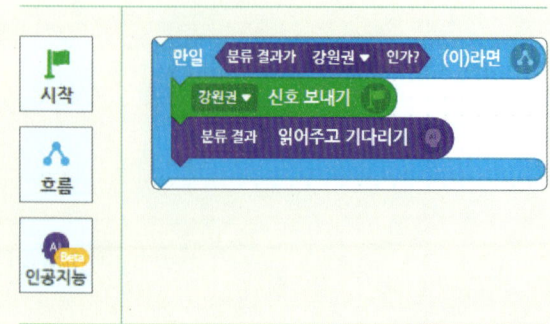

❸ 반복되는 코드는 [코드 복사 & 붙여넣기] 해서 완성해 봅니다.

※ **반복 코드** : 경기인천권, 충청권, 서울권, 경상도권, 전라도권

❹ ▶시작하기 단추를 클릭하여 조건에 맞게 동작이 잘 되는지 확인하고 완성된 파일을 [저장하기(💾 ▾)]-[저장하기]를 클릭합니다.

CHAPTER 12 문제해결능력 상상에 코딩을 더해서

■ 불러올 파일 : [12장]-12장 상상 코딩.ent   ■ 완성된 파일 : 12장 상상 코딩_완성.ent

더하기 스토리⁺

종합병원 안내 AI 로봇에 추가 기능을 넣어볼까요?

01 'AI 로봇.png' 오브젝트에 분류된 종합병원 리스트를 읽어줄 수 있도록 블록 코드를 수정해 봅니다. 단, 아래 블록들을 사용합니다.

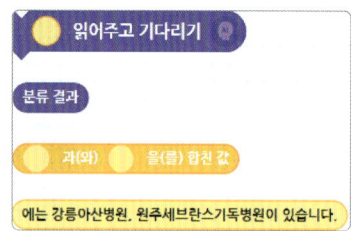

02 이어서, AI 로봇의 목소리와 속도, 음높이를 자유롭게 변경하는 블록 코드를 추가해 봅니다.

예) 멍멍이 목소리를 빠른 속도의 보통 음높이로 설정하기

HINT! [불러올 파일]-[12장] '권역별상급병원목록' 텍스트 파일을 활용하면 좋습니다!

MEMO

CHAPTER 13 — 집사야~ 이젠 얼굴표정만 봐도 감정을 알 수 있어!

📁 불러올 파일 : AI감정로봇.ent   📁 완성된 파일 : AI감정로봇_완성.ent

AI처럼 생각해 보기

● 다음 지도는 아소랜드에서 놀이기구가 배치되어있는 지도입니다. 아소랜드에서는 명령어를 입력하여 움직입니다.

다예와 찬이는 '회전목마(🎠)'를 타고 '바이킹(⛵)'을 타려고 합니다. 다음 명령의 종류를 살펴보고 회전목마와 바이킹을 탈 수 있도록 명령어를 입력해 주세요. 단, 회전목마와 바이킹을 제외한 간식상점, 의자, 나무, 장식물이 있는 곳은 지나갈 수 없습니다.

명령어	➡	↶	↷
의미	직진	왼쪽 회전	오른쪽 회전

스토리

야옹이는 요즘 집사에게 놀아달라고 다가가도 놀아주지 않고 자꾸 눈으로 얼굴로 표정으로만 이야기를 합니다. 집사가 야옹이에게 보내는 신호를 잘 모르겠습니다. 야옹이는 자신의 고민을 해결하기 위해서 엔트리에게 표정으로 감정을 읽을 수 있는 AI를 부탁합니다.

이런 걸 배워요! 비디오 감지 블록 알아보기

- 인공지능 비디오 감지 블록을 사용할 수 있습니다.
- 비디오에서 감지된 얼굴의 감정을 이야기할 수 있습니다.

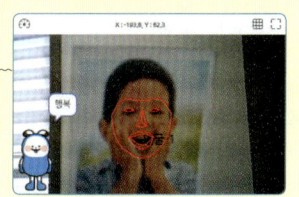

01 '야옹이' 장면에서 '감정AI' 장면 시작하기

❶ 엔트리에서 [불러오기(▼)]-[오프라인 작품 불러오기]를 클릭하고 [불러올 파일]-[13장]-'AI감정로봇.ent' 파일을 불러옵니다.

❷ 야옹이 장면에서 '이동 버튼' 오브젝트를 클릭한 다음 문장에 알맞게 실행되도록 블록 코드를 완성하여 봅니다.

AI 깜짝 퀴즈

문장을 읽고 알맞은 블록 코드를 사용하고 불필요한 코드는 삭제합니다.
- '오브젝트를 클릭했을 때, 다음 장면 시작하기를 합니다.'

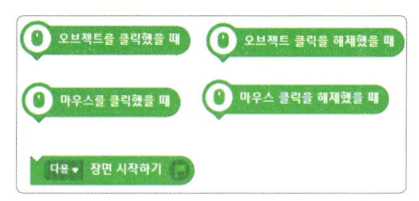

❸ '말하는 엔트리봇' 오브젝트는 야옹이 장면 뒤에 이어서 시작되기 때문에 시작 블록 꾸러미의 [장면이 시작되었을 때] 블록으로 시작하여 다음과 같이 코딩합니다.

02 비디오 감지 인공지능 블록 사용하기

❶ [감정AI] 탭을 클릭한 다음 블록 꾸러미의 인공지능의 [인공지능 블록 불러오기]를 클릭합니다.

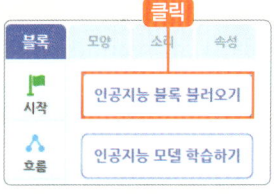

❷ 인공지능 블록 불러오기에서 [비디오 감지]와 [얼굴 인식] 블록을 클릭한 다음 <불러오기> 단추를 클릭합니다.

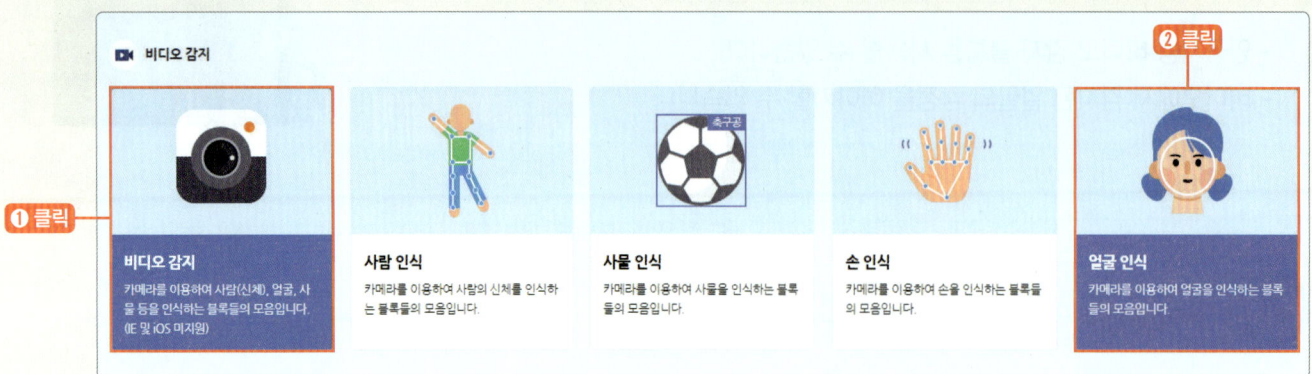

03 얼굴인식 시작하기

❶ '말하는 엔트리봇' 오브젝트를 클릭하고 다음과 같이 코딩합니다.

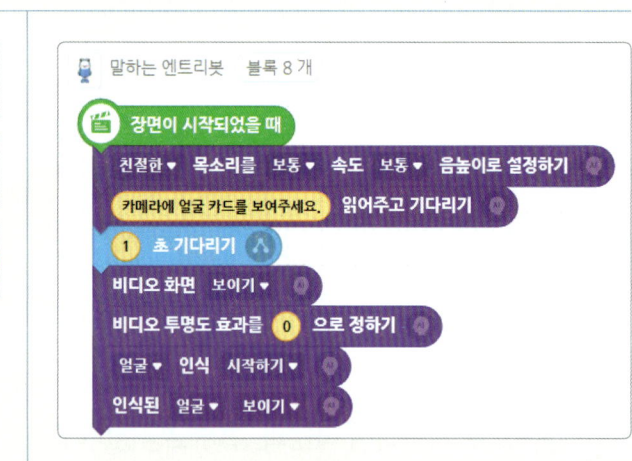

TIP 비디오 투명도 효과를 0으로 지정하면 카메라에 비치는 모습이 선명하게 보입니다.

비디오 투명도 효과를 0으로 지정했을 때 | 비디오 투명도 효과를 0으로 지정하지 않았을 때 (기본 투명도는 50%로 설정)

❷ 비디오에서 계속 반복하여 얼굴을 인식하고 판단할 수 있도록 다음과 같이 코딩합니다.

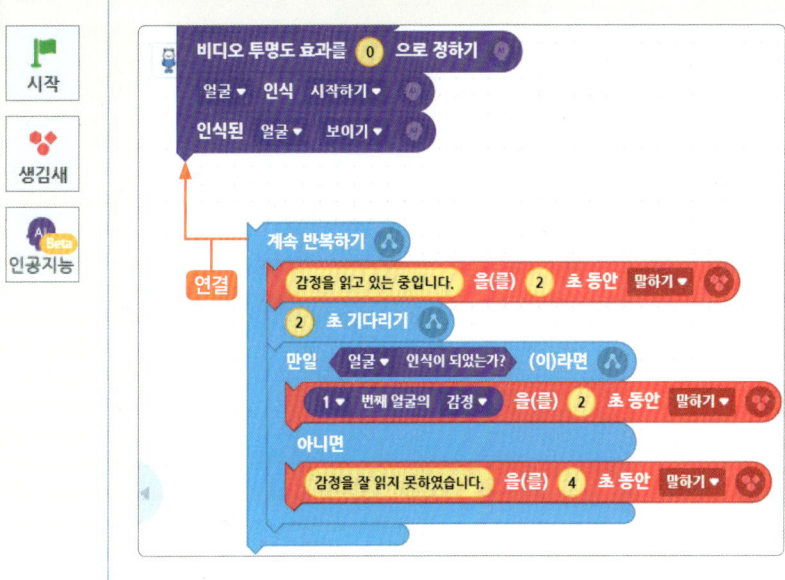

TIP

카메라에서는 우리 얼굴의 표정을 어떻게 읽고 감정을 표현할까요?
※ 얼굴 카드는 교재 뒷 부분에 있습니다.

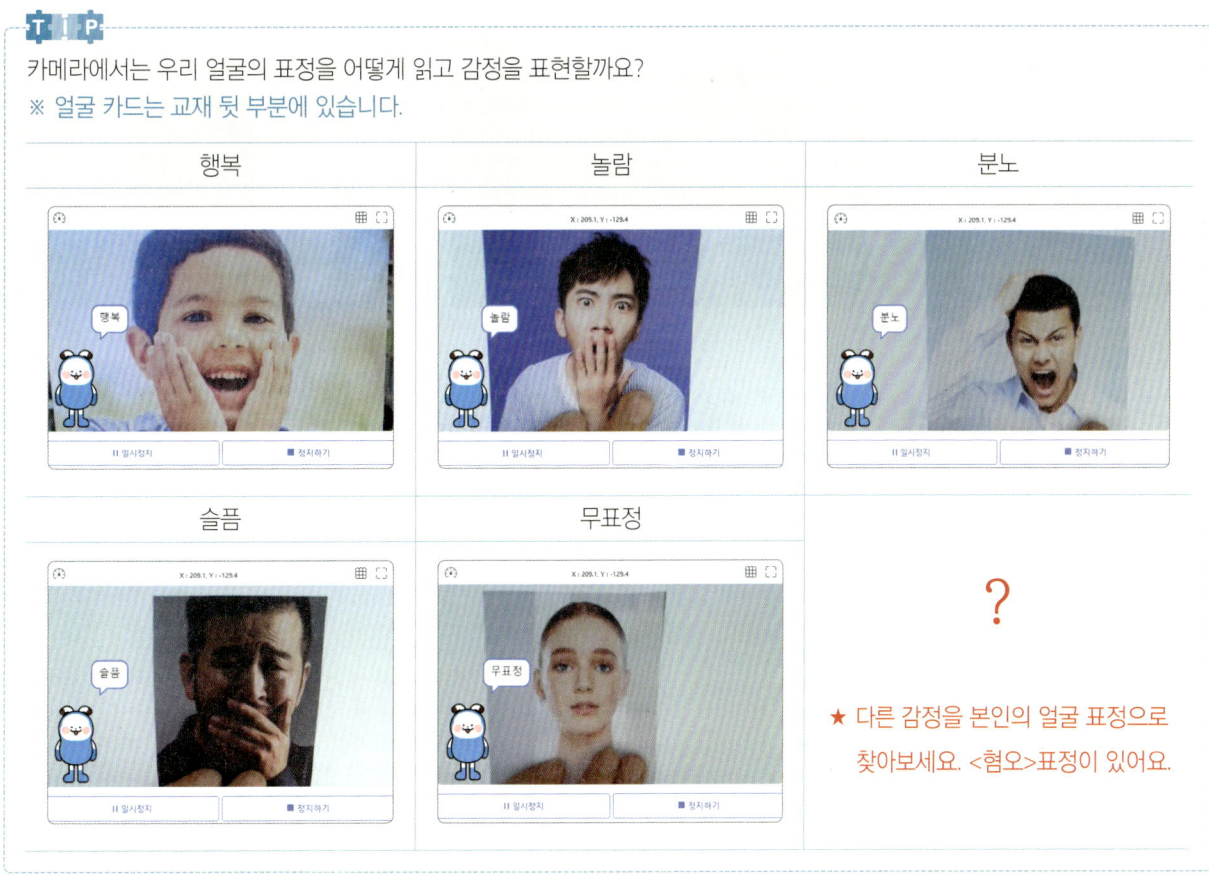

★ 다른 감정을 본인의 얼굴 표정으로 찾아보세요. <혐오>표정이 있어요.

CHAPTER 13 집사야~ 이젠 얼굴표정만 봐도 감정을 알 수 있어!

❸ [야옹이] 탭을 클릭한 다음 단추를 클릭합니다.

❹ 카메라에 얼굴 카드를 비추게 되면 얼굴 모양을 확인한 다음 감정을 판단해 줍니다.
※ 카메라에 얼굴 또는 얼굴 카드를 인식할 때 가까이 보여주세요. 거리가 멀어지면 인식이 잘 안될 수 있습니다.

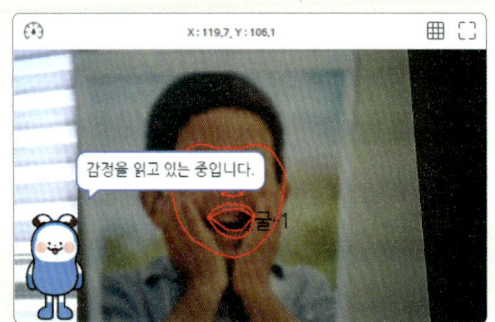 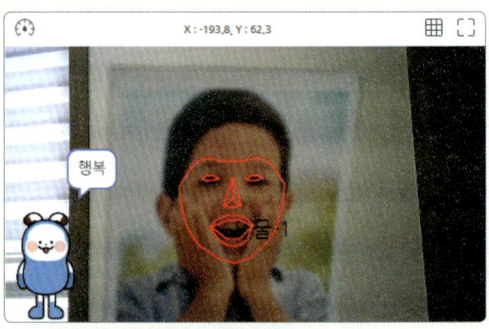

TIP
카메라를 사용하려면 권한을 요청합니다. <허용> 단추를 클릭합니다. 카메라 사용 권한을 차단하면 카메라 화면이 나오지 않습니다.

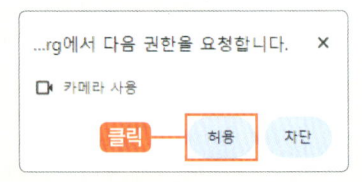

❺ 완성된 파일을 [저장하기( )]-[저장하기]를 클릭합니다.

CHAPTER 13 상상에 코딩을 더해서

■ 불러올 파일 : 13장 상상 코딩.ent ■ 완성된 파일 : 13장 상상 코딩_완성.ent

더하기 스토리+
결정 버튼을 클릭하여 얼굴 감정에 따라 표정 이모지가 화면에 보이도록 바꿔봅니다.

▶ **추가 오브젝트** : 표정 이모지

01 엔트리에서 [불러오기( )]-[오프라인 작품 불러오기]-[불러올 파일]-[13장]-'13장 상상 코딩.ent' 파일을 불러옵니다.

02 '표정이모지.png' 오브젝트의 모양을 확인합니다.
(놀람, 두려움, 모름, 무표정, 슬픔, 행복, 혐오, 화남)

03 '표정이모지.png' 오브젝트에 다음과 같은 조건으로 코드를 입력하여 실행합니다.

- 계속 반복하여 '얼굴을 인식했는가?'라면 코드 입력합니다.
- 얼굴인식이 되었다면 다음 조건 각 감정에 따라 처리하고 그렇지 않다면 '얼굴이 인식되지 않았습니다.'라고 말하도록 합니다.

> **조건**
> - '1번째 얼굴의 감정이 행복'이라면 행복.png 모양으로 바꾸기
> - '1번재 얼굴의 감정'을 1초 동안 말하기
> - 2초 기다리기

힌트블록

실행 화면 예

CHAPTER 14 집사야~ 가위바위보 게임하자~

■ 불러올 파일 : 얼굴 표정 가위바위보.ent   ■ 완성된 파일 : 얼굴 표정 가위바위보_완성.ent

AI처럼 생각해 보기

● 다음은 오검(Ogham) 고대 아일랜드 문자입니다. 오검문자들은 여러 개의 선이 몇 개씩 모여있는 형태로 만들어져 있고, 오검문자는 맨 아래에서 위로 올라가며 단어를 읽습니다.

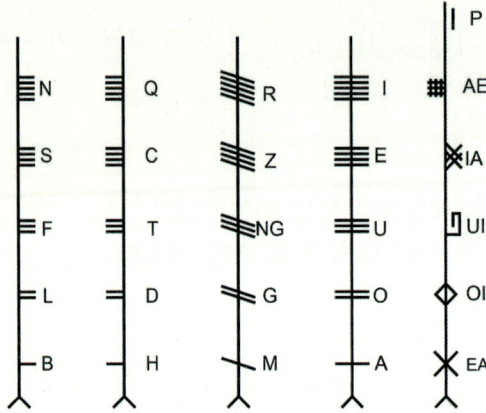

● 다예와 찬이는 오검(Ogham)문자로 암호를 만들었습니다. 그리고 주말에 만나기로 한 시간과 장소를 오검문자로 표시하였습니다. 다음 암호를 해석하여 올바르게 알파벳으로 적어봅니다.

"이번 주 ◯요일, 10시, ◯◯앞에서 보자"

요일 :   장소 :

정답	요일	장소

스토리

야옹이가 AI감정로봇 덕분에 집사의 표정을 읽을 수 있게 되었어요. 그래서 집사와 함께 할 수 있는 놀이로 집사의 표정으로 읽어진 감정으로 가위바위보 게임을 제안하려고 합니다. 집사가 좋아할지 싫어할지 걱정이 되어서 엔트리에게 먼저 함께 해보자고 도움을 요청하였습니다. 얼굴 표정에 따라 가위바위보를 정해서 게임을 하고 싶어요. 도와줘~ 엔트리

이런 걸 배워요! 비디오 감지 블록 알아보기

- 인공지능 비디오 감지 블록을 사용할 수 있습니다.
- 비디오에서 감지된 얼굴의 감정으로 가위 바위 보를 정하여 할 수 있다.

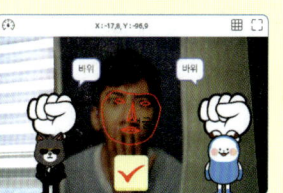

01 가위바위보 시작하기

❶ 엔트리에서 [불러오기(📄)]-[오프라인 작품 불러오기]-[불러올 파일]-[14장]-'얼굴 표정 가위바위보.ent' 파일을 불러옵니다.

❷ '가위바위보 게임버튼' 오브젝트를 클릭하였을 때, '시작' 신호를 보내어서 가위바위보를 시작하는 게임입니다. 신호를 만든 후 다음과 같이 [시작] 블록 꾸러미에서 알맞게 블록 코드를 완성하여 봅니다.

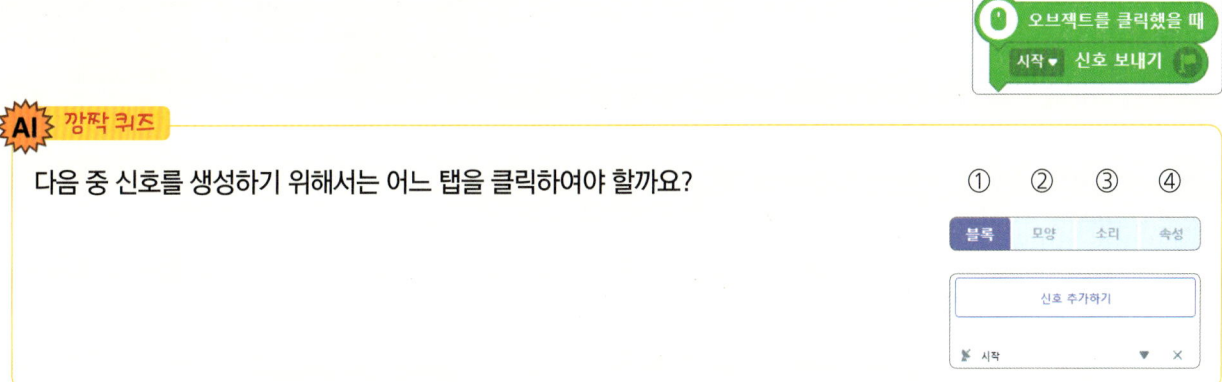

AI 깜짝 퀴즈

다음 중 신호를 생성하기 위해서는 어느 탭을 클릭하여야 할까요?

02 엔트리봇(난수) 가위바위보

❶ '엔트리봇'의 가위바위보는 난수(랜덤한 숫자)를 이용합니다. 난수를 사용하기 위해서는 변수(변하는 숫자)가 필요합니다. [속성] 탭에서 [변수]를 클릭한 다음 <변수 추가하기> 단추를 클릭한 후, 변수 이름에 '엔트리봇'이라고 입력하고 <변수 추가> 단추를 클릭합니다.

※ 이때, 생성된 변수가 실행 창에 엔트리봇 0 보여진다면 변수가 생성되었다는 뜻입니다.

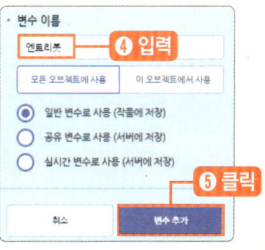

CHAPTER 14 집사야~ 가위바위보 게임하자~ **095**

TIP

게임이 실행되는 동안 실행 창에 보이는 변수를 통하여 현재값을 알게 되면 재미없지요? 실행 창에서 변수를 안보이게 하는 방법 2가지 기억해 줍니다.

| 속성 변경으로 숨기기 | 블록 코드를 이용하여 숨기기 |

❷ 게임이 시작되면 '엔트봇(난수)' 오브젝트와 '고양이손(얼굴카드)' 오브젝트의 모양을 숨기기를 하기 위해서 다음과 같이 블록 코드를 완성하여 봅니다.

❸ '엔트리봇'의 변수(변하는 수)가 만들어지면 블록 코드에서 먼저 해야 할 일은 변수에 기본값을 정해주는 것입니다. [자료] 꾸러미에서  블록으로 처음 값은 난수(무작위 수)로 정하기 합니다. 가위, 바위, 보 게임에서는 3개의 숫자 범위가 필요하기 때문에 [계산] 꾸러미에서 `0 부터 10 사이의 무작위 수` 블록을 활용하여 1부터 3과 같이 범위를 입력하여 다음과 같이 완성해 봅니다.

❹ 만약 '1부터 3사이의 무작위 수' 중에서 '1=가위, 2=바위, 3=보'를 정하고 다음과 같이 [흐름] 꾸러미에서 3가지의 경우가 판단될 수 있도록 블록 코드를 연결합니다.

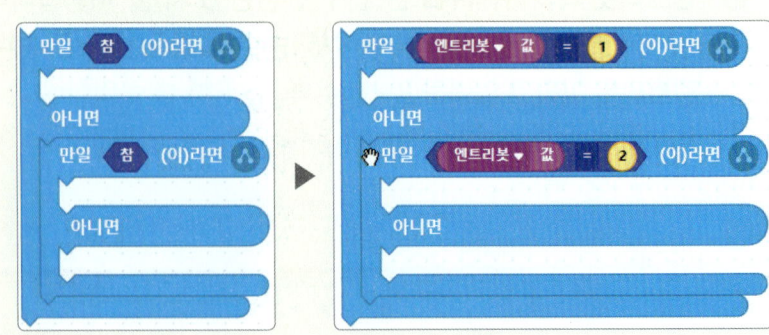

❺ 엔트리봇(난수) 오브젝트의 모양을 확인한 뒤 [생김새] 꾸러미에서  블록을 조립하여 바꾼 뒤 말하기도 함께 실행되도록 블록 코드를 다음과 같이 완성해 봅니다.

03 고양이손(얼굴카드) 가위바위보

❶ 고양이손(얼굴카드) 오브젝트에서는 카메라를 이용하여 얼굴 인식으로 사용합니다. [인공지능] 꾸러미에서 [인공지능 블록 불러오기]를 클릭한 다음 [비디오 감지]를 불러옵니다. 이어서, '시작신호를 받았을 때' 비디오 화면이 보이도록 설정합니다.

❷ 얼굴을 인식하기 위해서 다음과 같이 블록 코드를 작성합니다.

❸ 얼굴 감정에 따른 조건문을 완성하기 위해서 '1번째 얼굴'은 '감정'으로 변경하고 "행복"을 입력합니다.

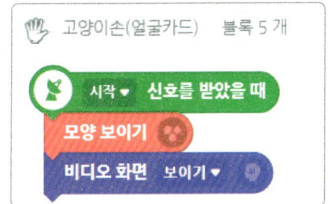

❹ 만들어진 조건문을 마우스 오른쪽 단추를 눌러 [코드 복사& 붙여넣기]를 클릭합니다. 이어서, '아니면' 블록 코드에 연결한 다음 "놀람"을 입력합니다.

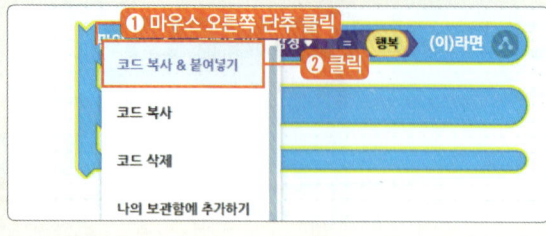
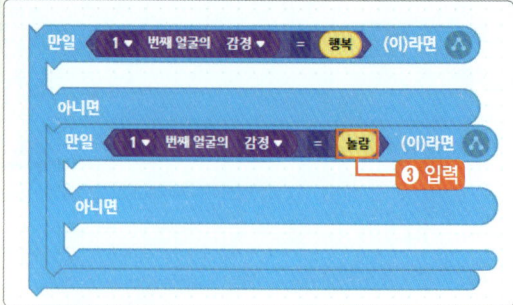

❺ 조건에 따라 가위바위보 모양을 바꾸는 블록을 다음과 같이 완성해 봅니다.

04 실행하기

❶ ▶시작하기 단추를 클릭하고 카메라에 얼굴 카드 또는 자신의 얼굴 표정이 인식되도록 카메라에 보여 줍니다.

❷ '가위바위보 게임 버튼'을 클릭하면 엔트리봇(난수)의 정해진 손 모양과 카메라에 인식된(얼굴 카드 또는 자신의 얼굴 표정)이 고양이 오브젝트 손모양이 보여지게 됩니다.

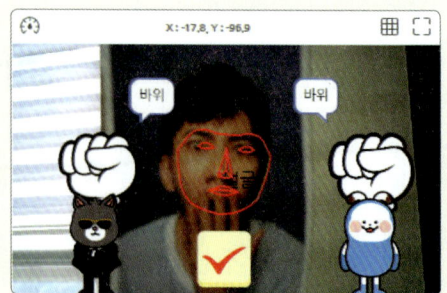

CHAPTER 14 상상에 코딩을 더해서

문제해결능력

■ 불러올 파일 : 14장 상상 코딩.ent   ■ 완성된 파일 : 14장 상상 코딩_완성.ent

더하기 스토리⁺

엔트리와 고양이의 가위바위보 게임에서 고양이가 이겼다면 '고양이 이겼다'라고 외치도록 블록 코드를 연결하여야 할 곳에 연결하여 완성하여 봅니다.

HINT! 엔트리봇은 1~3의 난수를 사용하고 있습니다. 코딩은 고양이손(얼굴카드) 오브젝트에서 진행합니다.

엔트리봇 난수의 값 = 1	가위
엔트리봇 난수의 값 = 2	바위
엔트리봇 난수의 값 = 3	보

CHAPTER 14 집사야~ 가위바위보 게임하자~

CHAPTER 15 이 사진 속 악기에선 어떤 소리가 날까?

■ 불러올 파일 : 악기 이미지로 분류하기.ent   ■ 완성된 파일 : 악기 이미지로 분류하기_완성.ent

AI처럼 생각해 보기

● 도넛 찾기

주어진 숫자는 숫자의 상하좌우 대각선으로 1칸까지의 주위에 있는 도넛 개수를 나타냅니다.
다음 그림처럼 숫자 주변의 숫자 개수만큼의 도넛만 있을 수 있습니다.

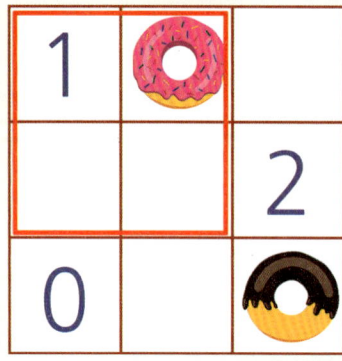

도넛이 있는 위치를 찾아서 도넛 모양을 그리거나 'O' 표시합니다.

		1		
	2			
0			4	
				0
	3			

스토리

시작 버튼을 클릭해 보세요. 악기의 다양한 이미지 형태를 학습한 엔트리는 이미지를 보고 악기를 인식하여 어떤 종류의 악기인지 또 이 악기에서 나는 소리를 들려줄 수 있어요. 인공지능이 다양한 이미지 학습을 많이 하면 할수록 정확하게 악기를 구분할 수도 있어요.

이런걸 배워요! 인공지능 모델 학습하기를 알아보기

- 이미지 모델 학습을 통하여 악기의 여러 이미지를 학습하는 기능을 사용합니다.
- 학습된 이미지에 따라 악기의 소리를 재생하는 방법을 알아봅니다.

01 악기 이미지 모델학습 하기

❶ 엔트리에서 [불러오기( )]-[오프라인 작품 불러오기]를 클릭하고 [불러올 파일]-[15장]에서 '악기 이미지로 분류하기.ent' 파일을 불러옵니다.

❷ 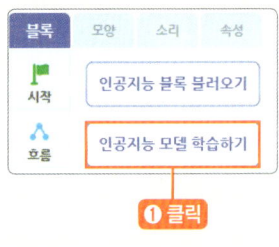 블록 꾸러미에서 인공지능 모델 학습하기 를 클릭하고 드럼의 다양한 이미지를 학습하기 위해서 [새로 만들기]-[분류: 이미지]를 클릭한 다음 학습하기 단추를 클릭합니다.

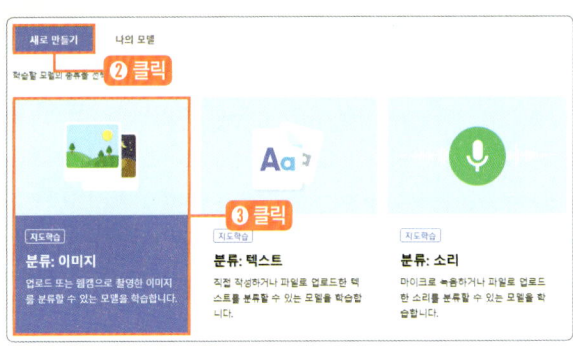

❸ 이미지 모델 학습 창이 다음과 같이 나타납니다. 다음 창에서 '새로운 모델'에는 학습 모델의 제목(악기분류하기)을 입력합니다. 이어서, 각 클래스에 '피아노, 기타, 드럼'을 입력합니다.

TIP

클래스란? 인공지능 학습에서 학습할 데이터의 묶음이고, 데이터를 분류하는 기준이 됩니다.
<+클래스 추가하기> 단추를 클릭하면 필요한 만큼 클래스를 추가할 수 있습니다. 단, 하나의 클래스에는 5개 이상의 데이터가 입력되어야 하며 데이터가 많으면 많을수록 정확하게 분류할 수 있습니다.

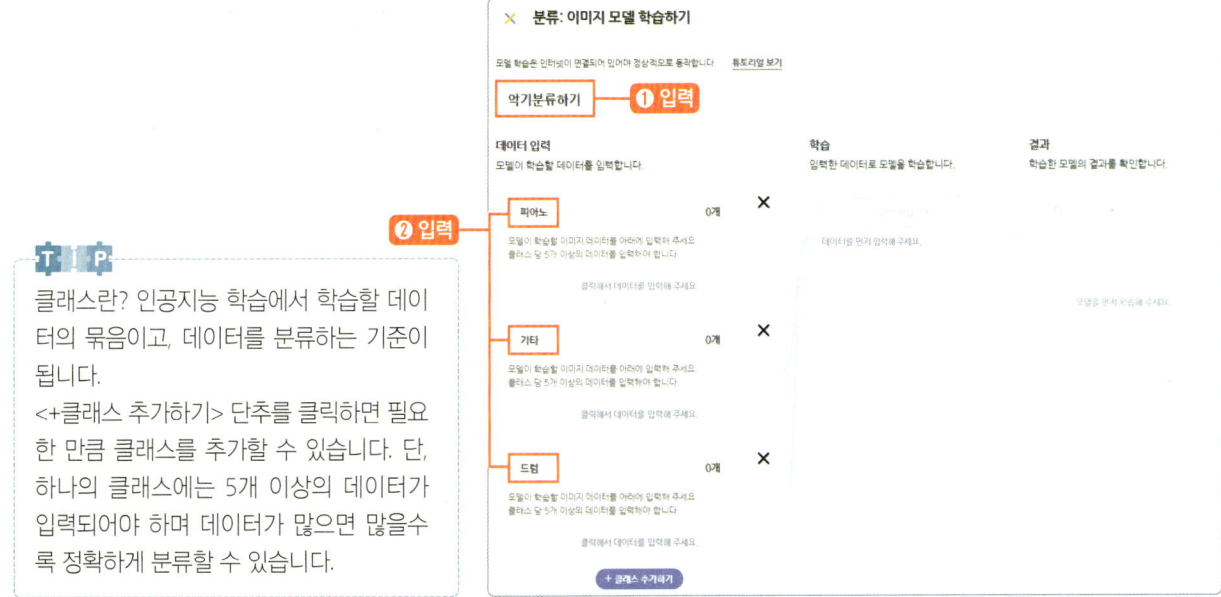

④ 각 악기의 이미지를 업로드하여 학습합니다. 다음과 같이 피아노 클래스의 <클릭해서 데이터를 입력해 주세요.>를 클릭한 다음 [파일 업로드]를 클릭합니다. 이어서, [불러올 파일]-[15장]에서 피아노 이미지를 선택하고 <열기> 단추를 클릭합니다.

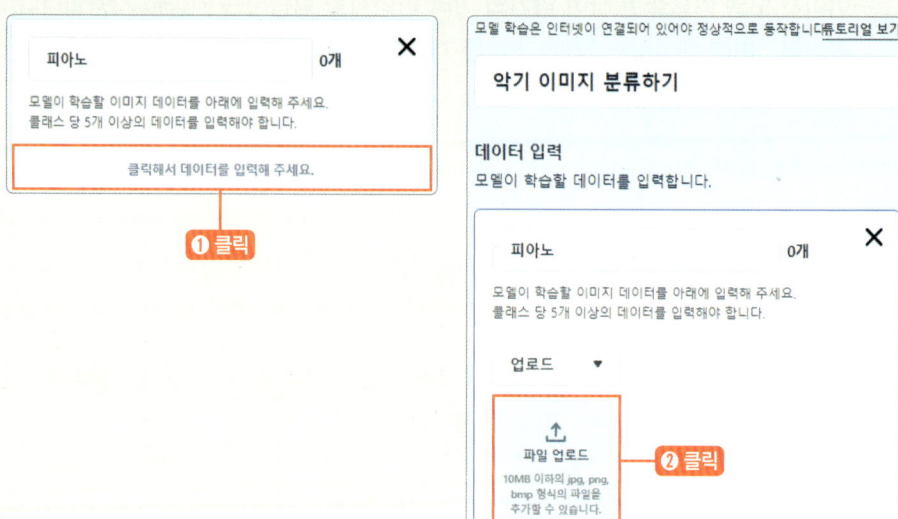

※ 이미지를 여러 개 업로드를 해야 하기 때문에 이미지를 선택할 때 '피아노 (1)' 이미지를 클릭하고 Shift 키를 누르면서 '피아노 (5)' 이미지를 클릭하면 선택된 여러 이미지를 한 번에 선택할 수 있습니다.

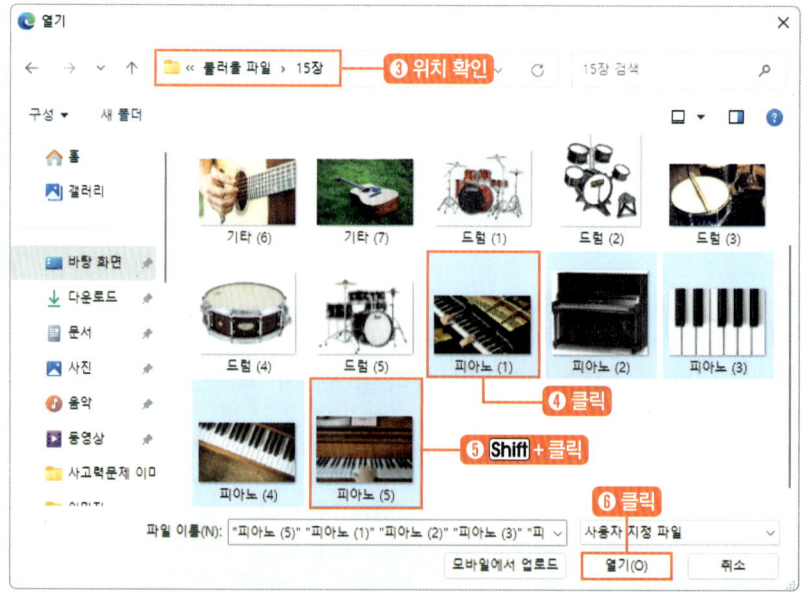

⑤ 각 악기 이미지를 업로드한 다음 <모델 학습하기> 단추를 클릭하여 클래스에 업로드된 이미지를 학습합니다.

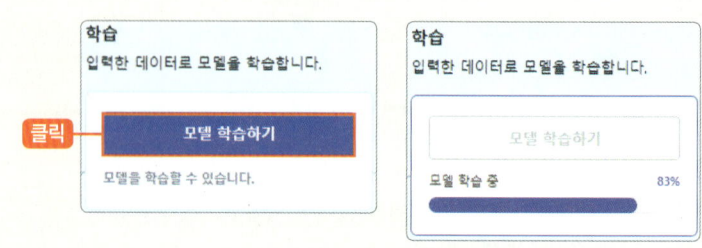

❻ 모델 학습이 완료되었다면 화면 상단의 <적용하기> 단추를 클릭하여 모델 학습을 마칩니다. 이어서, 인공지능 블록 꾸러미의 블록을 확인합니다.

02 학습한 모델로 분류하기

❶ '시작 버튼' 오브젝트를 클릭하여 시작하게 됩니다. '시작 버튼' 오브젝트에서 블록 코드를 작성해 봅니다.

❷ 만약 분류 결과가 피아노, 드럼, 기타 인지 조건에 따라 실행되도록 다음과 같이 블록 코드를 작성합니다.

❸ 분류된 악기는 신호를 받아 소리를 출력하도록 합니다. 다음과 같이 신호를 추가하고 블록 코드를 완성합니다.

CHAPTER 15 이 사진 속 악기에선 어떤 소리가 날까?

❹ '피아노' 오브젝트를 클릭하여 '피아노 신호를 받았을 때' 피아노 소리를 재생하도록 [소리]-[소리 추가]를 클릭합니다.

※ 소리는 각 오브젝트에만 적용되기 때문에 각 오브젝트마다 소리를 추가하도록 합니다. 피아노 소리는 사용하고자 하는 소리를 클릭하여 여러 개 추가합니다.

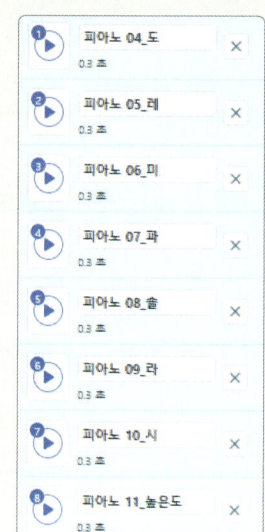

❺ 피아노 신호를 받았을 때 다음과 같이 블록 코드를 작성하여 완성해 봅니다.

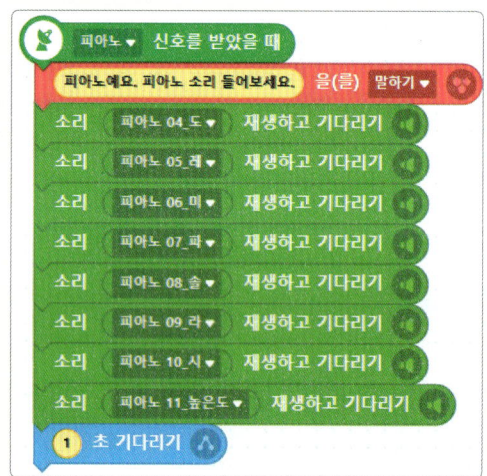

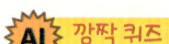 깜짝 퀴즈

실행 화면에 악기들이 보여지고 있습니다. 시작하기를 클릭하였을 때, 피아노 악기가 안보였다가 악기 신호를 받으면 해당 악기만 보여 지면서 소리를 재생하고 싶습니다. 다음 주어진 블록 코드를 어떻게 연결해야 할까요?

❻ 다음과 같이 드럼과 기타 오브젝트에 신호를 받았을 때 각 악기의 소리를 추가한 뒤 알맞은 블록 코드를 작성하여 완성하여 봅니다.

 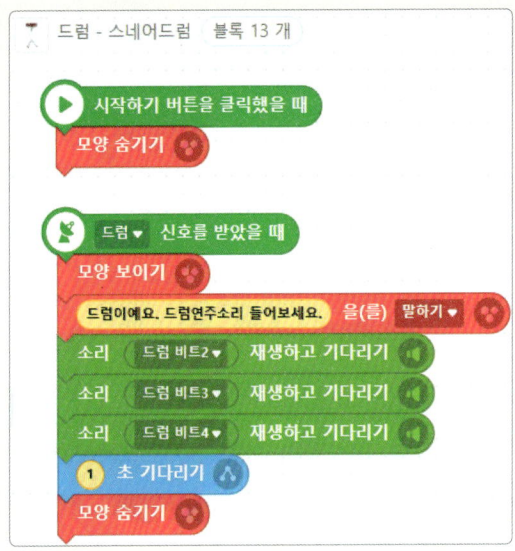

03 실행하기

❶ '시작버튼' 오브젝트를 클릭하면 데이터 입력 창이 나타납니다. 촬영(직접 웹캠으로 찍어서 입력하는 방법), 업로드(파일을 업로드 하는 방법) 두 가지 방법으로 입력할 수 있습니다.

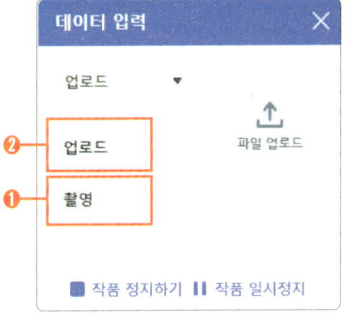

❷ **촬영으로 입력하기** : 준비된 악기 이미지를 카메라에 가까이 비추고 있는 상태에서 <입력하기> 버튼을 클릭합니다.

❸ **업로드 입력하기** : [불러올 파일]-[15장] 폴더에서 악기 이미지를 선택한 다음 <입력하기> 단추를 클릭합니다.

❹ 학습된 모델로 이미지로 악기를 분류하여 소리가 재생되는 것을 확인합니다.

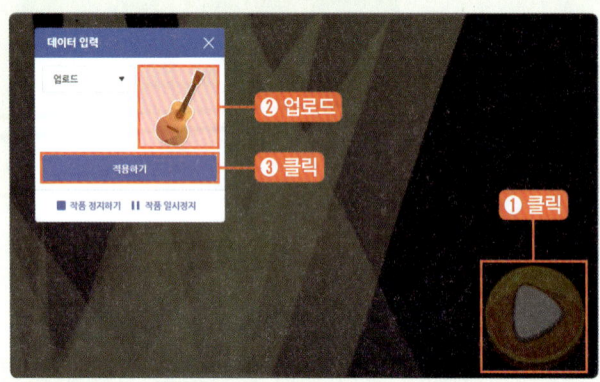 

CHAPTER 15 상상에 코딩을 더해서

문제해결능력

■ 불러올 파일 : 15장 상상 코딩.ent   ■ 완성된 파일 : 15장 상상 코딩_완성.ent

더하기 스토리⁺

배경 음악에 맞추어서 악기(캐스터네츠, 탬버린, 봉고)를 클릭하여 조화롭게 연주되도록 만들어 봅니다. (추가하고 싶은 악기가 있다면 추가해서 다양한 악기 소리를 넣어봅니다.)

- 초등 학교(배경) 오브젝트 : [시작하기]를 클릭했을 때 배경음악 재생하기
- 캐스터네츠, 탬버린, 봉고 : 오브젝트를 클릭했을 때 악기의 소리 재생하기

CHAPTER 16 컴퓨팅 사고력 완성하기(종합실습)

■ 불러올 파일 : 도형의 넓이 구하기.ent   ■ 완성된 파일 : 도형의 넓이 구하기_완성.ent

01 엔트리에서 [불러오기( )]-[오프라인 작품 불러오기]-[불러올 파일]-[16장]에서 '도형의 넓이 구하기.ent' 파일을 불러옵니다.

- 인공지능 에서 인공지능 모델 학습하기 의 '분류: 이미지'를 클릭한 다음 '도형' 모델의 '삼각형' 클래스와 '사각형' 클래스를 추가하여 각 도형 이미지를 업로드하여 [모델 학습하기]를 합니다. ([16장]-[도형이미지] 폴더에서 이미지 업로드합니다.)

02 학습된 도형 인식하기 (블록 코드 작성 오브젝트 : 문제풀기)

조건
- 만일 분류 결과가 삼각형이라면 '인식한 도형은 삼각형입니다.'를 2초 동안 말하기
- 만일 분류 결과가 사각형이라면 '인식한 도형은 사각형입니다.'를 2초 동안 말하기

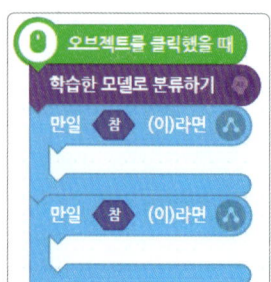

03 도형의 넓이 계산하기 (블록 코드 작성 오브젝트: )

■ 각 도형 넓이 구하기 공식을 참고하여 다음과 같은 블록을 활용하여 2번에서 작성된 블록 코드에 연결하여 완성합니다.
(제시된 블록은 필요한 만큼 복사하거나 블록 꾸러미에서 꺼내어서 사용합니다.)
삼각형 넓이 = (삼각형 밑변 × 삼각형 높이)/2, 사각형 넓이 = 사각형 세로 × 사각형 가로

조건 * 분류 결과 삼각형
- '삼각형의 밑변을 입력하세요.'를 묻고 대답 기다리기
- 삼각형 밑변(변수)를 대답으로 정하기
- '삼각형의 높이를 입력하세요.'를 묻고 대답 기다리기
- 삼각형의 높이(변수)를 대답으로 정하기
- 삼각형의 넓이(변수)를 (삼각형 밑변 × 삼각형 높이)/2로 정하기
- '삼각형 넓이 정답' 신호 보내기

조건 * 분류 결과 사각형
- '사각형의 가로길이를 입력하세요.'를 묻고 대답 기다리기
- 사각형 가로(변수)를 대답으로 정하기
- '사각형의 세로 길이를 입력하세요.'를 묻고 대답 기다리기
- 사각형의 세로(변수)를 대답으로 정하기
- 사각형의 넓이(변수)를 (사각형 세로 × 사각형 가로)로 정하기
- '사각형넓이 정답' 신호 보내기

04 디버깅 (작성 오브젝트: 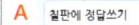)

■ 칠판에 흰색으로 정답을 쓸 수 있도록 블록 코드로 디버깅 하세요.

CHAPTER 17 예쁜 댓글만 입력해 주세요.

■ 불러올 파일 : 예쁜 말 댓글 분류.ent ■ 완성된 파일 : 예쁜 말 댓글 분류_완성.ent

AI처럼 생각해 보기

● 스택(Stack)은 '쌓다'라는 의미로, 데이터를 차곡차곡 쌓아 올린 형태의 자료 구조입니다. 데이터가 순서대로 쌓이면 가장 마지막에 삽입된 자료가 가장 먼저 삭제되는 구조를 가지고 있습니다. 이러한 특징을 생각하며 다음 문제를 생각해 봅니다.

아소 디저트 가게에서는 긴 통에 도넛과 머핀을 넣어서 순서대로 1인 1개씩만 판매합니다. 디저트는 맨 위에 있는 디저트가 통의 아래쪽부터 순서대로 들어갑니다. 디저트를 구입하려고 기다리는 다예는 동생과 먹을 머핀 2개를 구입하려고 합니다. 기다리는 줄을 몇 번째와 몇 번째에 줄에 서야 머핀 2개를 구입할 수 있을까요?

정답 쓰기

스토리 말 한마디의 중요성을 모두 알고 있죠? 내 옆에 있는 친구에게 건네는 말 한마디가 친구의 기분을 행복하게 할 수도 있고 슬프게 할 수도 있어요. 긍정적인 단어들을 사용하여 친구에게 한마디 건네 봅니다. 부정적인 의미가 담긴 단어는 분류해서 사용하지 않는 게 어떨까요?

이런 걸 배워요! 텍스트 분류에 대해 알아보기!

- 텍스트 데이터를 학습하여 입력된 텍스트를 클래스로 분류할 수 있다.
- 분류된 결과에 따라 알맞은 대답을 할 수 있다.

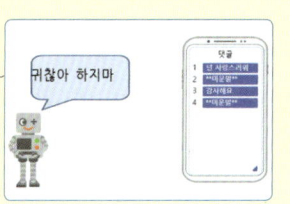

01 글상자 오브젝트 추가하여 시작하기

❶ 엔트리에서 [불러오기( )]-[오프라인 작품 불러오기]를 클릭하고 [불러올 파일]-[17장]-'예쁜말 댓글 분류.ent' 파일을 불러옵니다.

❷ [오브젝트 추가하기]-[글상자]를 클릭하여 입력란에 '댓글을 입력해 주세요.'를 입력하고 글꼴을 변경합니다. 이어서, 배경 색상은 투명을 지정한 다음 <추가하기> 단추를 클릭합니다.

※ 오브젝트 이름은 '글상자'로 변경합니다.

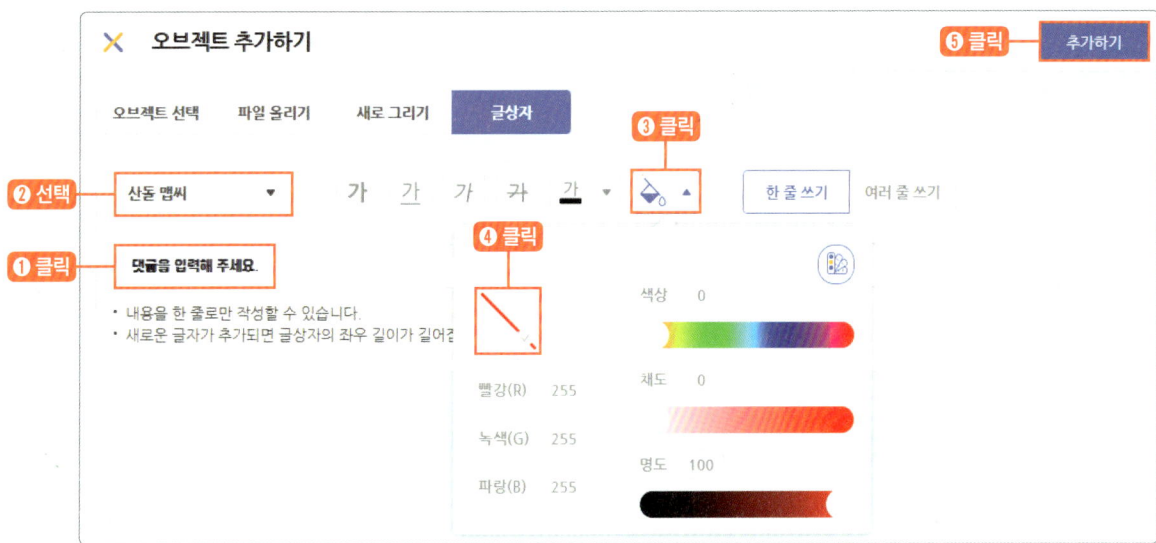

❸ 오브젝트에 추가된 글상자를 '네모말 풍선' 오브젝트에 맞추어서 크기를 조절하고 배치합니다.

CHAPTER 17 예쁜 댓글만 입력해 주세요. 111

❹ '꼬마 로봇' 오브젝트를 클릭한 다음과 같이 블록 코드를 작성하여 봅니다.

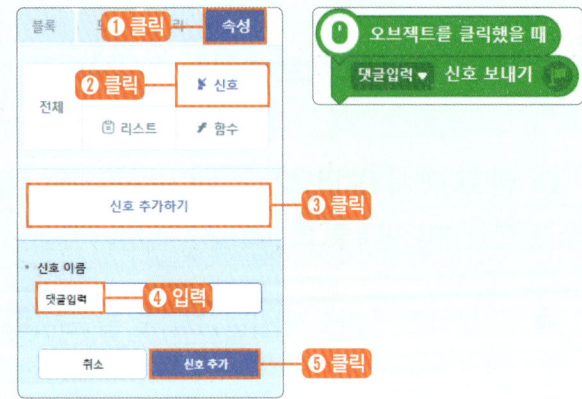

❺ '꼬마 로봇' 오브젝트를 클릭하여 댓글을 입력할 수 있도록 하기 위해서 [속성]-[신호]에서 <신호 추가하기> 단추를 클릭하고 '댓글입력'을 입력한 다음 <신호 추가> 단추를 클릭합니다. 이어서, 다음과 같이 블록 코드를 작성합니다.

02 댓글 입력하여 리스트 추가하기

❶ '글상자' 오브젝트에서 '댓글 입력 신호를 받았을 때' 댓글 입력을 묻고 대답을 글상자에 나타나게 하기 위해서 다음과 같이 블록 코드를 작성합니다.

❷ 입력된 대답이 순서대로 기록하기 위하여 [속성]-[리스트]에서 <리스트 추가하기> 단추를 클릭합니다. 이어서, 리스트 이름(댓글)을 입력한 다음 <리스트추가> 단추를 클릭한 후, 리스트의 크기를 '휴대폰.png' 오브젝트의 화면에 맞게 크기를 조정합니다.

※ 리스트 항목수는 기본 값 '0'으로 그대로 두고 사용합니다.

❸ 실행 창에 보이는 [대답] 은 블록 코드를 이용하여 숨겨줍니다.

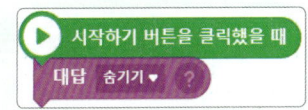

03 인공지능 텍스트 학습하여 분류하기

❶ [인공지능]-[인공지능 모델 학습하기]를 클릭한 후, [분류: 텍스트]-<학습하기> 단추를 클릭합니다.
- 새로운 모델(댓글), 클래스1(예쁜말), 클래스2(미운말)
- 예쁜말과 미운말 데이터를 입력합니다. 이때, 각 클래스에는 5개 이상의 데이터를 입력해야 합니다. 텍스트 데이터는 쉼표(,)로 구분하여 5개 이상 입력해 주세요.

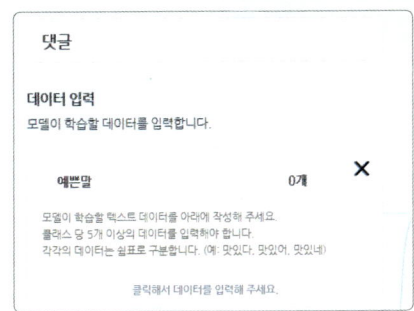
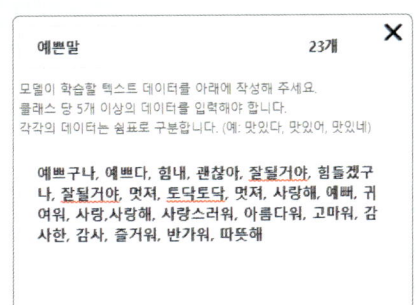
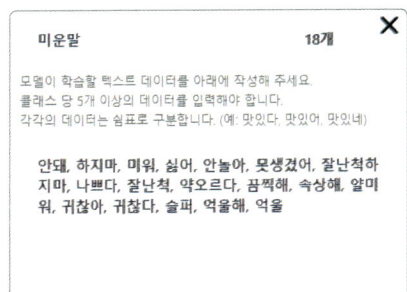

❷ <모델 학습하기> 단추를 클릭하고 결과에 단어를 입력한 다음 <결과 확인하기>를 클릭합니다. 이어서, 분류한 클래스를 확인하고 <적용하기> 단추를 클릭합니다.

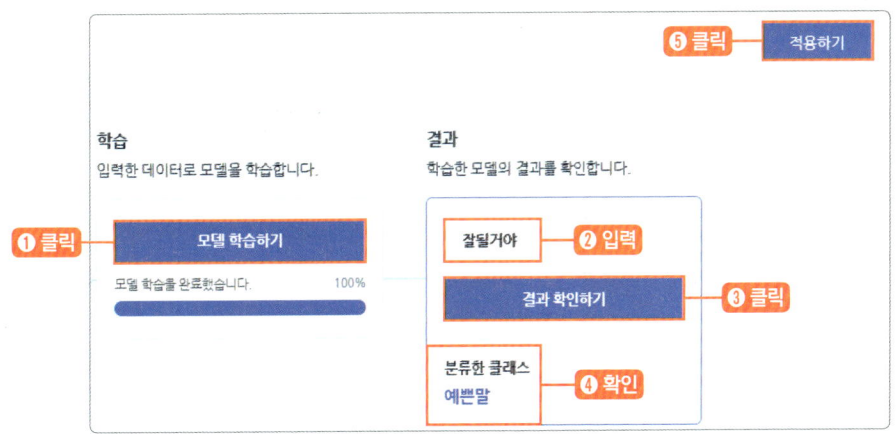

TIP
이번 장에서는 미운말만 분류하면 되기에 클래스 상에는 미운말만 필요합니다만 텍스트 모델 학습에서는 클래스가 2개 이상 작성이 되어야 모델 학습이 가능하기에 예쁜말과 미운말 두 개의 클래스를 작성합니다.

04 학습한 모델로 분류하기

❶ 글상자 오브젝트에 '댓글입력' 신호를 받았을 때 블록에 연결하여 블록 코드를 작성합니다. '대답'을 학습한 모델로 분류하여 '미운말' 클래스의 단어가 나온다면 '**미운말**'로 바뀌어서 리스트에 기록되도록 다음과 같이 블록 코드를 완성하여 봅니다.

- 만약 `분류 결과가 미운말 인가?` 라면 [자료] 블록 꾸러미에서 `댓글 1 번째 항목을 10 (으)로 바꾸기` 블록을 활용하여 `댓글 항목 수` 번째 항목을 '**미운말**'로 바꾸기를 합니다.

❷ 댓글 입력이 리스트에 기록되는 댓글 항목 수가 8보다 크다면 리스트 1번에 댓글부터 삭제가 되도록 다음과 같이 블록 코드를 작성하여 완성합니다.

연결

❸ ▶시작하기 단추를 클릭하고 동작이 되는지 확인합니다.

TIP

데이터를 더 추가하고 싶을 때는 [인공지능]-[인공지능 모델 학습하기]를 클릭하여 나의 모델에서 '댓글'을 클릭하여 <학습하기> 단추를 클릭하면 모델 학습 창이 보입니다.

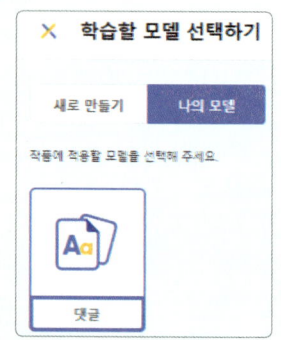

데이터를 수정한 뒤에는 [모델 학습하기]를 클릭한 후, <적용하기> 단추를 클릭하면 조립했던 [인공지능] 블록들은 사라지게 되기 때문에 다시 블록 코드를 작성해야 합니다.

CHAPTER 17 상상에 코딩을 더해서

■ 불러올 파일 : 17장 상상 코딩.ent　■ 완성된 파일 : 17장 상상 코딩_완성.ent

더하기 스토리+
예쁜말 댓글이 입력된다면 하트가 보이도록 블록 코드를 수정 추가하여 작성해 봅니다.

▶ 추가 오브젝트 : '회전하는 하트'

▶ 추가 신호 : '하트'

■ [만일 분류 결과가 미운말 인가? (이)라면] 블록을 [만일 분류 결과가 미운말 인가? (이)라면 / 아니면] 연결합니다.

■ 하트 오브젝트

CHAPTER 17 예쁜 댓글만 입력해 주세요. 115

CHAPTER 18 — 대한민국 행정구역 구분하기

■ 불러올 파일 : 행정구역 구분하기.ent   ■ 완성된 파일 : 행정구역 구분하기_완성.ent

AI처럼 생각해 보기

● 아래 주어진 그림은 점과 점을 선으로 연결하여 그림을 그렸습니다. 다음 그림을 보고 연필을 떼지 않고 한 번에 그릴 수 있도록 지나는 각 점의 알파벳을 순서대로 적어봅니다. 이때, 각 점은 한 번씩만 지나갈 수 있지만 같은 점이 두 개를 연결하는 선은 두 번까지는 지나갈 수 있습니다.

※ 별(★)표시부터 선 그리기를 시작합니다. 오른쪽 빈 칸에 선을 그려봅니다.

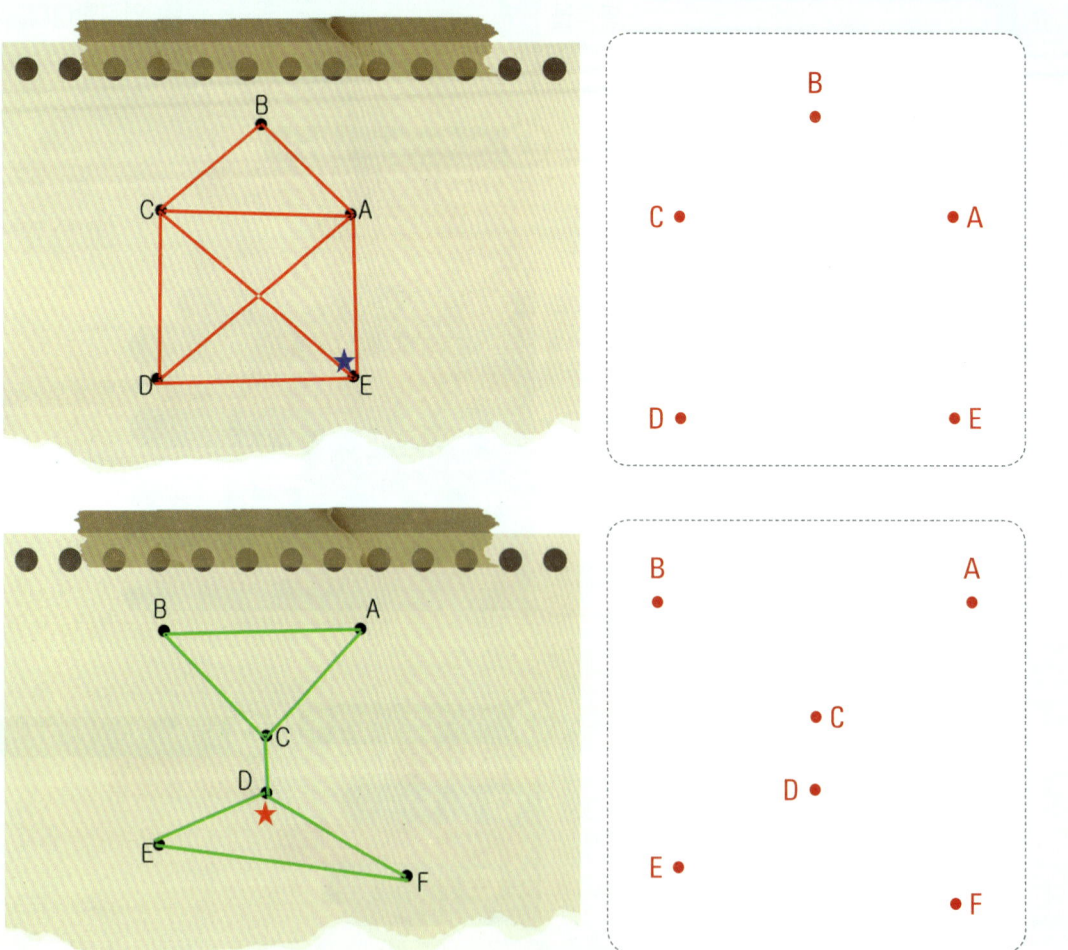

 **스토리**

대한민국의 행정구역은 1개의 특별시, 6개의 광역시, 7개의 도, 2개의 특별자치도, 1개의 특별 자치 시로 구성된다. 우리가 알고 있는 여러 지역 이름이 어떠한 행정구역에 해당되는지 어디에 위치하여 있는지 모두 알기는 어렵습니다. 지역 이름을 입력을 하면 속하는 행정구역을 알려주는 프로그램을 작성해 볼까요?

이런걸 배워요! 텍스트 분류에 대해 알아보기!

- 텍스트 데이터를 학습하여 입력된 텍스트를 클래스로 분류할 수 있다.
- 분류된 결과에 따라 알맞은 대답을 할 수 있다.

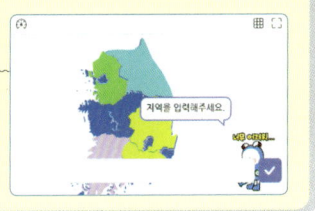

01 지역분류 신호보내기

① 엔트리에서 [불러오기( )]-[오프라인 작품 불러오기]를 클릭하고 [불러올 파일]-[18장]-'행정구역 구분하기.ent' 파일을 불러옵니다.

② '너무 어려워' 오브젝트를 클릭하여 '시작하기 버튼을 클릭했을 때' [인공지능]-[인공지능 블록 불러오기]-'읽어주기' 인공지능 블록을 불러오기 하여 다음과 같이 블록 코드를 완성하여 봅니다.

③ '지역분류 신호보내기'를 활용하여 데이터 학습을 진행하기 위하여 [속성]-[신호]-<신호 추가하기> 단추를 클릭하여 '지역분류' 신호를 추가합니다. 이어서, 신호 보내기 블록 코드를 연결합니다.

02 행정구역 데이터 학습하기

① [인공지능] 블록 꾸러미에서 [인공지능 모델 학습하기]를 클릭한 다음 '분류: 텍스트' 클릭하고 <학습하기> 단추를 클릭합니다. 이어서, 모델 이름(행정구역 분류하기)을 작성하고 클래스 6개(강원도, 경기도, 경상도, 전라도, 충청도, 광역시)를 추가한 후, <클릭해서 데이터를 입력해 주세요.>를 클릭합니다.

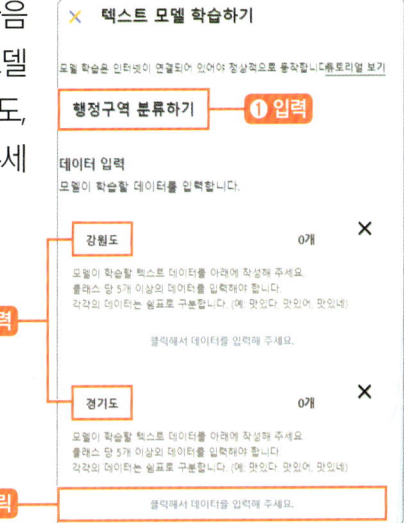

❷ 각 클래스의 데이터를 '파일 업로드'하여 학습 데이터를 작성합니다. 단추를 클릭하고 파일 탐색기 창이 나오면 [불러올 파일]-[18장]-'강원도.txt' 파일을 선택한 다음 <열기> 단추를 클릭합니다.

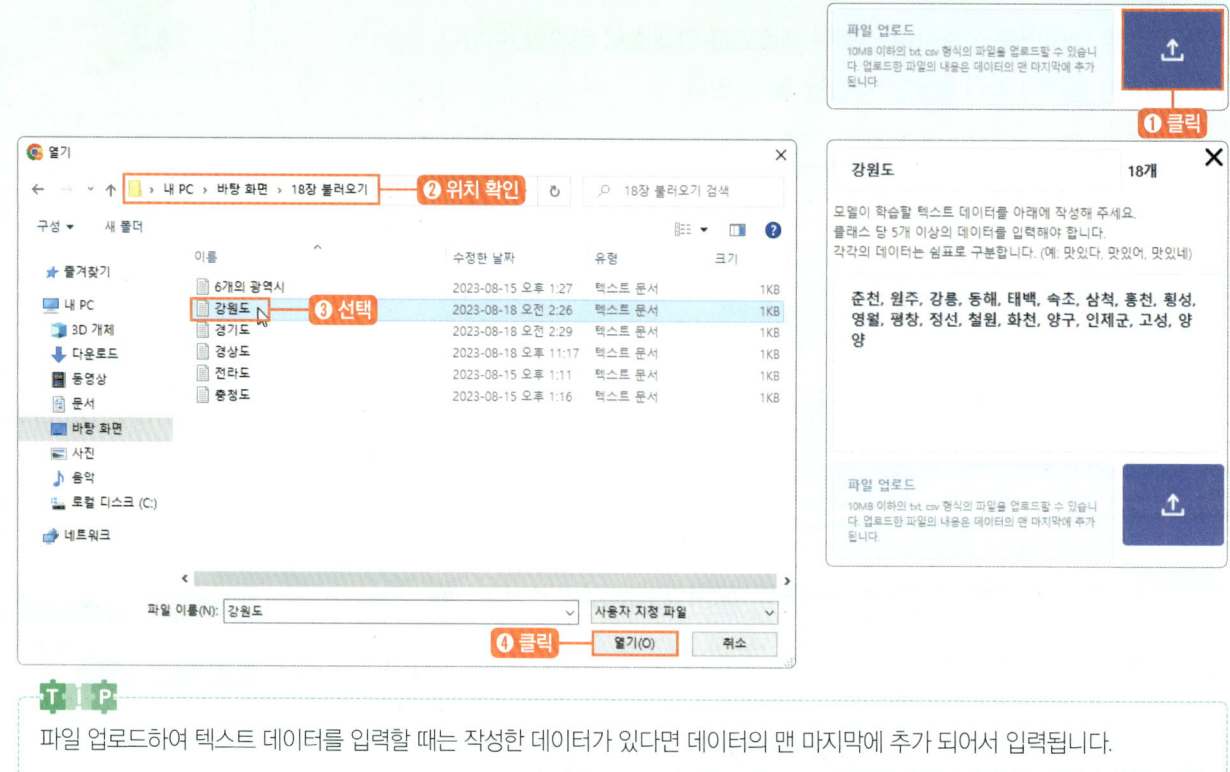

TIP
파일 업로드하여 텍스트 데이터를 입력할 때는 작성한 데이터가 있다면 데이터의 맨 마지막에 추가 되어서 입력됩니다.

❸ 각 지역 클래스에 알맞은 데이터를 파일 업로드합니다. [모델 학습하기]를 클릭한 다음 모델 학습을 완료하여 알맞은 입력을 넣어 결과를 확인합니다. 입력 데이터에는 클래스에 학습된 데이터를 정확하게 입력해야 정확한 결과를 확인 할 수 있습니다.

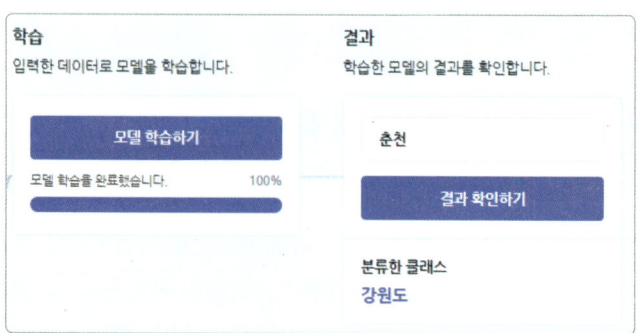

❹ 이어서, <적용하기> 단추를 클릭하여 모델 학습을 마칩니다.

03 지역분류 신호를 받았을 때 학습된 데이터로 분류하기

❶ '지역분류' 신호를 받았을 때 계속 반복하여 지역을 입력하고 학습한 모델로 분류하기를 합니다. 다음과 같이 [자료] 꾸러미와 [인공지능] 꾸러미를 활용하여 다음과 같이 블록 코드를 완성하여 봅니다.

❷ 학습한 모델에서 '분류 결과가 광역시'라면 광역시의 설명과 함께 다음과 같이 블록 코드를 완성하여 봅니다.

❸ 분류 결과가 만약 광역시가 아닐 경우 서울특별시, 세종특별시, 지방 자치 행정구역으로 구분되기 때문에 조건을 다음과 같이 블록 코드를 작성합니다.

❹ '대답=서울', '대답=세종'의 경우에는 다음과 같이 블록 코드를 완성합니다.
   ※ 광역시 분류 결과의 블록 코드를 복사하여 활용합니다.

❺ 조건에 해당하는 곳이 없다면 분류 결과를 읽어주고 말하기 할 수 있도록 블록 코드를 완성합니다.

❻ 다음과 같이 조건 결과에 블록 코드를 연결합니다.

❼ ▶시작하기 단추를 클릭하고 동작이 되는지 확인합니다.

CHAPTER 18 상상에 코딩을 더해서

문제해결능력

■ 불러올 파일 : 18장 상상 코딩.ent   ■ 완성된 파일 : 18장 상상 코딩_완성.ent

더하기 스토리+

강원도, 경기도, 전라도, 충청도, 경상도 행정구역에 해당하는 지역의 분류 결과가 나오면 지도의 해당 지역이 색깔 효과로 강조되도록 지도에서 위치를 알려주도록 해볼까요?

▶ **추가 신호 :** 지도, 강원도, 경기도, 전라도, 충청도, 경상도

※ [오프라인 작품 불러오기 오류] 텍스트 분류로 학습한 파일을 불러오면 분류 결과가 가장 처음 클래스로 나타나는 경우가 있습니다.

　예) 첫 번째 클래스가 '강원도'이면 분류 결과로 사용한 블록이 강원도로 분류되어 있습니다. 이런 경우 조건에 맞게 분류명을 바꿔줍니다.

CHAPTER 18 대한민국 행정구역 구분하기

CHAPTER 19 나비야 거미를 피해!

■ 불러올 파일 : 거미를 피해.ent   ■ 완성된 파일 : 거미를 피해_완성.ent

 생각해 보기

● 아기 동물 15마리는 아소랜드로 소풍을 왔습니다. 아소랜드의 대관람차에는 1칸에는 70kg까지만 탈 수 있습니다. 대관람차 10칸에 아래의 동물 친구들이 모두 탈 수 있도록 동물의 몸무게를 살펴보고 70kg 이하로 동물들을 태워주세요.

HINT! 무거운 동물들부터 놓아보세요.

고양이 7kg	원숭이 25kg	판다 58kg	하마 68kg	표범 45kg	코끼리 69kg
곰 70kg	강아지 8kg	코뿔소 65kg	사자 62kg	호랑이 48kg	사슴 22kg

정답 쓰기

1번 칸	2번 칸	3번 칸	4번 칸	5번 칸
곰				

6번 칸	7번 칸	8번 칸	9번 칸	10번 칸

스토리 한적한 숲 속을 날아다니던 나비가 배고픈 거미를 만났습니다. 위험에 빠진 나비를 도와주기 위해서는 오른쪽 손을 움직이세요. 거미줄을 무사히 피할 수 있습니다.

이런걸 배워요! 사람 인식에 대해 알아보기

- 인공지능의 사람 인식 블록을 추가하여 사람의 손 움직임으로 오브젝트를 움직일 수 있다.
- 거미의 움직임에 따라 거미줄이 복제되며 내려오는 방법을 알아봅니다.

01 사람인식하기 인공지능 블록 불러오기

1. 엔트리에서 [불러오기( )]-[오프라인 작품 불러오기]를 클릭하고 [불러올 파일]-[19장]에서 '거미를 피해.ent' 파일을 불러옵니다.

2. 블록 꾸러미에서 [인공지능 블록 불러오기]를 클릭하고 비디오 감지의 [사람 인식]을 클릭한 다음 <불러오기> 단추를 클릭합니다.

02 사람 인식 확인하기

1. '나비(1)' 오브젝트에서 '시작하기 버튼을 클릭했을 때' 사람 인식을 시작하기 합니다.

2. 카메라를 통하여 사람 인식 진행이 되고 있는지 알기 위해서 [인공지능] 블록 꾸러미의 `사람을 인식했는가?` 블록 코드를 활용하여 다음과 같이 블록 코드를 작성합니다.

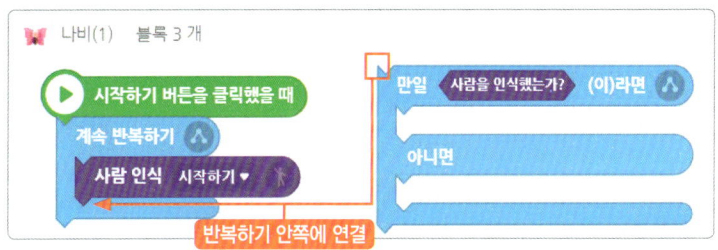

CHAPTER 19 나비야 거미를 피해! 123

❸ 현재 몇 명의 사람을 인식하고 말하기를 실행한 다음 사람 인식이 되고 있지 않을 때는 '사람이 인식되지 않아요'를 말하기 하는 블록 코드를 완성합니다.

❹ ▶ 시작하기 단추를 클릭하고 카메라를 향해 손을 흔들며 몸의 움직임을 주어서 실행 확인합니다.

03 사람 인식으로 나비 움직이기

❶ '나비(1)' 오브젝트에서 나비를 인식된 사람의 오른쪽 손목으로 따라 이동하기 위해서 [사람 인식] 블록의 `1▼ 번째의 사람의 코▼ (으)로 이동하기` 블록을 꺼내어 다음과 같이 블록 코드를 작성합니다.

❷ 이동 중 나비가 거미 또는 거미줄에 닿을 때 나비가 사라지며 코드가 멈추도록 다음과 같이 블록 코드를 작성합니다.

※ '나비(1)' 오브젝트의 속성에서 크기가 100%라고 할 때 크기를 -100 만큼 바꾸기를 하면 나비가 아주 작아져서 사라지는 것처럼 실행됩니다.

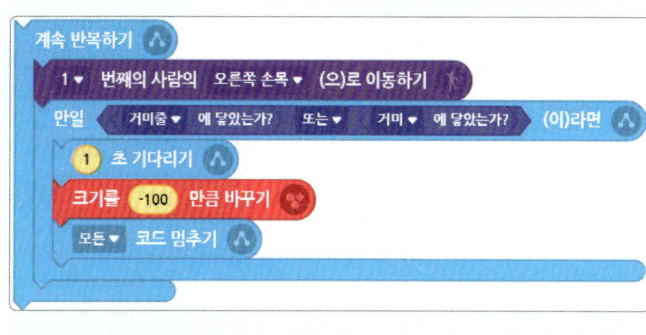

AI 깜짝 퀴즈

다음 블록을 실행했을 때, 같은 효과가 나타나도록 블록을 찾아 바꾸어 봅니다.

❸ 다음과 같이 '나비(1)' 오브젝트에 블록 코드를 연결하여 작성합니다.

❹ 나비가 팔랑팔랑 날개를 움직인다면 더 재미난 게임이 되겠죠? 나비 날개가 움직이도록 블록 코드를 작성합니다.

04 거미줄 복제하기

❶ '거미줄' 오브젝트가 2초 간격으로 거미줄을 복제하도록 다음과 같이 블록 코드를 작성합니다.

※ 거미줄 오브젝트 원본을 '모양 숨기기'하여 시작하는 이유를 생각해 봅니다. (거미줄 오브젝트는 시작하였을 때 단순히 복제본 만들기를 합니다. 즉, 내려오거나 나비에 닿았을 때 사라지지 않습니다.)

주의) 원본 거미줄이 안 보여도 닿는다면 나비 게임이 종료되어 모든 코드가 멈추게 됩니다.

❷ 거미줄의 복제본이 처음 생성되었을 때 거미가 있는 위치에서 거미줄이 내려올 수 있도록 [계산]의 `거미줄▼ 의 x좌푯값▼` 블록 코드를 활용하여 다음과 같이 작성합니다.

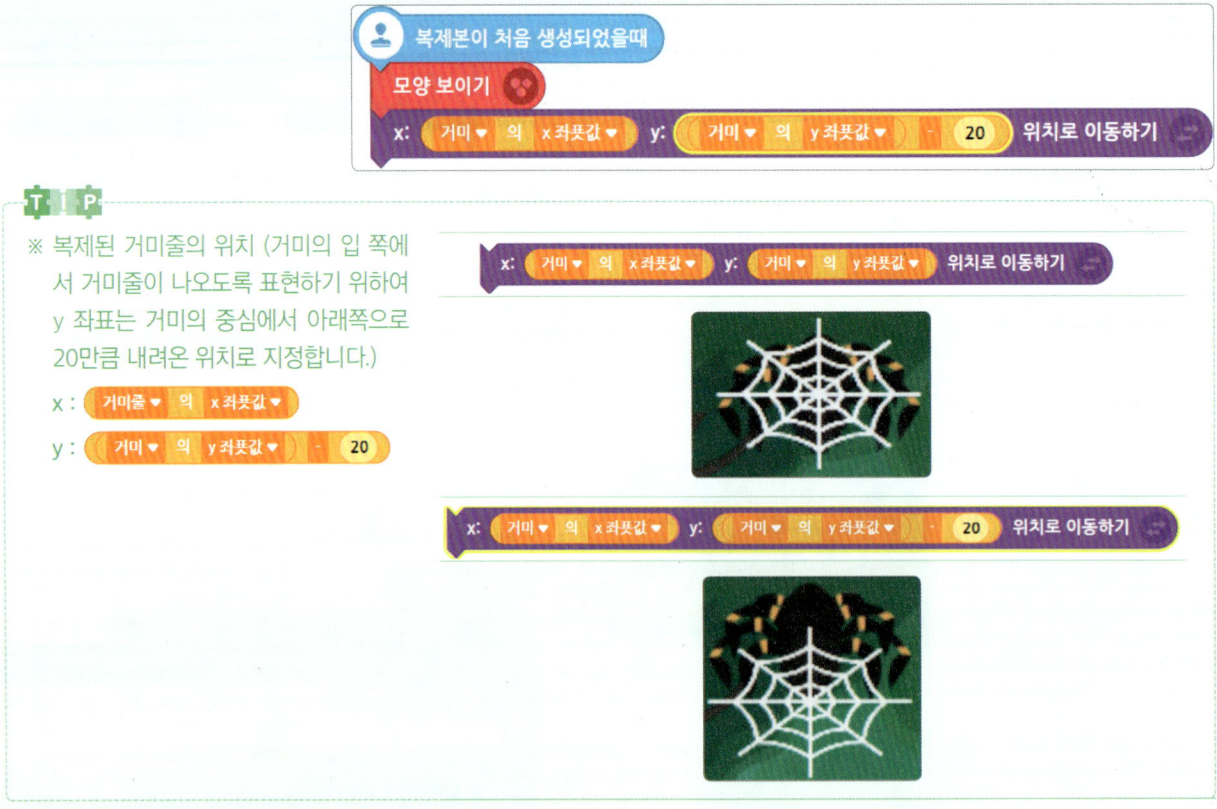

TIP
※ 복제된 거미줄의 위치 (거미의 입 쪽에서 거미줄이 나오도록 표현하기 위하여 y 좌표는 거미의 중심에서 아래쪽으로 20만큼 내려온 위치로 지정합니다.)
x : `거미줄▼ 의 x좌푯값▼`
y : `거미▼ 의 y좌푯값▼ - 20`

❸ 복제된 거미줄이 화면의 벽에 닿을 때까지 반복한 뒤 삭제되도록 다음과 같이 블록 코드를 작성하여 완성합니다.

❹ ▶시작하기 단추를 클릭하고 동작이 되는지 확인합니다.

CHAPTER 19 문제해결능력 상상에 코딩을 더해서

■ 불러올 파일 : 19장 상상 코딩.ent   ■ 완성된 파일 : 19장 상상 코딩_완성.ent

> **더하기 스토리⁺**
> 거미줄 오브젝트 원본이 보이지 않아도 닿으면 모든 코드가 멈추도록 작성하였습니다. 원본 오브젝트에 닿아도 코드가 멈추지 않도록 불편한 부분의 코드를 디버깅하고 재미를 위하여 점수를 추가하여 재미난 게임을 완성해 봅니다.

01 보이지 않는 원본 거미줄에 닿아도 모든 코드가 멈추지 않도록 디버깅합니다. (단, 나비의 기준 크기는 50%입니다.)

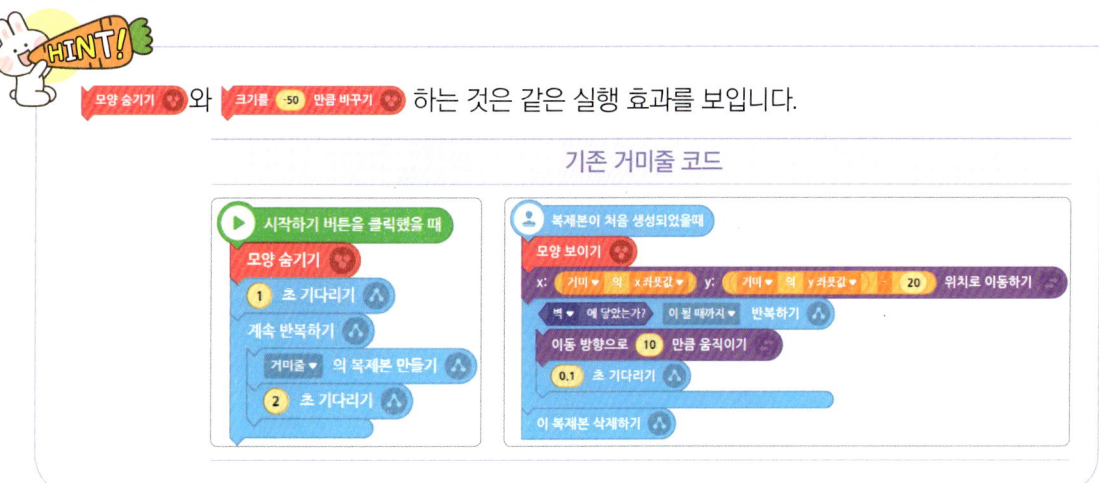

02 생명(변수) 추가하여 다음 조건으로 코드를 작성합니다. (나비 오브젝트)

- 생명(변수)를 5(으)로 정하기
- '거미줄 또는 거미에 닿았는가?'라면 생명(변수)에 –1만큼 더하기
- 만약 생명(변수)=0 이라면 1초 기다려서 크기를 –100만큼 바꾸기 한 뒤 '모든 코드 멈추기'

◆ 궁금증 실행해 보기
- 사람 인식 인공지능 블록에서 현재 오른쪽 손을 인식하도록 코딩하였습니다. 만약 왼손만 들어서 움직일 때 왼손을 오른손으로 인식할까요?
- 나비의 생명력 5는 거미줄 한 번만 닿으면 없어지는 수치입니다. 생명력을 늘려서 게임을 해 봅니다.

CHAPTER 20 곰과 엔트리의 달리기 경주

■ 불러올 파일 : 곰과 엔트리봇의 달리기.ent   ■ 완성된 파일 : 곰과 엔트리봇의 달리기_완성.ent

AI처럼 생각해 보기

● 트리(나무) 구조는 그래프의 한 종류로, 나뭇가지처럼 연결된 순환하지 않는 계층적 자료 구조를 표현할 때 사용합니다. 트리는 최상위(루트노드)에서 아래쪽(자식노드)으로 내려가며, 왼쪽에서 오른쪽 방향으로 방향성을 가지는 계층적 자료 구조입니다. 이와 같은 특징을 생각하며 다음 문제를 해결해 봅니다.

500g의 사료를 각 경로를 따라 위에서 아래로, 왼쪽에서 오른쪽으로 강아지들에게 급여하게 됩니다. 해당 사료 양(g) 만큼 나누어 준 뒤, 남은 양의 사료는 똑같이 나누어서 보내면 마지막에 있는 강아지들이 받게 되는 사료 양(g)을 적어 봅니다.

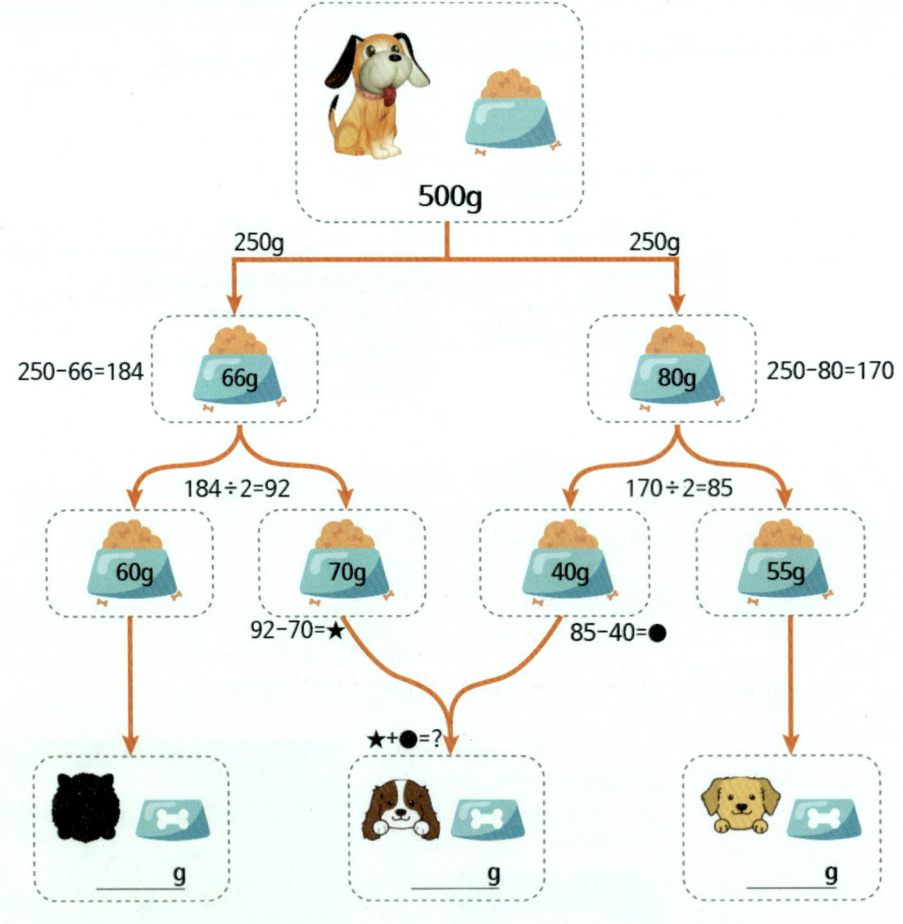

스토리

곰과 엔트리봇이 운동장에서 빨리 걷기 경주를 합니다. 빨리 걸어서 밧줄에 먼저 닿는 오브젝트가 승리이며 안경쓴 학생이 경기 진행과 밧줄을 잡아주기로 하였습니다. 과연 곰과 엔트리봇의 달리기 경주는 누가 승리할 수 있을까요?

이런걸 배워요! 사람 인식에 대해 알아보기

- 인공지능의 사람인식 블록을 추가하여 자신의 움직임을 값으로 알 수 있다.
- 움직임의 값만큼 오브젝트의 이동 값을 적용할 수 있다.

01 인공지능 블록 추가하기

❶ 엔트리에서 [불러오기( )]-[오프라인 작품 불러오기]를 클릭하고 [불러올 파일]-[20장]에서 '곰과 엔트리봇의 달리기.ent' 파일을 불러옵니다.

❷ 블록 꾸러미에서 [인공지능 블록 불러오기]를 클릭하여 [읽어주기] 블록과 비디오 감지의 [사람 인식] 인공지능 블록을 선택한 다음 <불러오기> 단추를 클릭합니다.

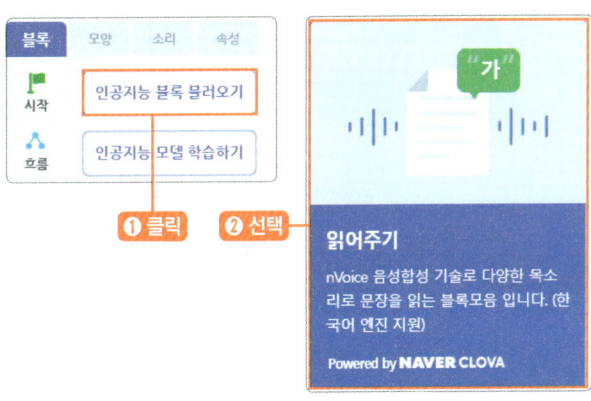 

02 '안경쓴 학생(1)' 오브젝트 경기 진행하기

❶ [속성]-[신호 추가하기]를 클릭하여 '출발' 신호를 추가합니다.

❷ '안경쓴 학생(1)' 오브젝트에 시작하기 버튼을 클릭했을 때 [읽어주기] 인공지능 블록과 [생김새] 꾸러미의 말하기 블록으로 다음과 같이 시작을 알리고 카운트 다운을 말하여 출발신호 보내기 블록 코드를 작성합니다.

CHAPTER 20 곰과 엔트리의 달리기 경주 129

03 엔트리봇 오브젝트 걷기

❶ '[묶음] 걷기 옆모습' 오브젝트에 출발 신호를 받으면 밧줄이 닿을 때까지 반복하는 블록 코드를 작성합니다.

❷ '[묶음] 걷기 옆모습' 오브젝트가 걷는 모양으로 무작위 수(0부터 30)만큼 이동 방향으로 움직일 때 점점 크기가 작아지도록 다음과 같이 블록 코드를 작성합니다.

  ※ 엔트리봇 오브젝트 속성에서 이동 방향은 '88°'로 설정되어 있습니다. 운동장 배경의 길을 따라 걷기 위해서 방향 속성이 설정되어 있으니 엔트리봇 오브젝트의 크기가 변경되거나 방향이 이동된다면 참고하여 설정해 주세요.

04 '자신의 움직임값'을 이용하여 곰 오브젝트의 이동 방향으로 걷기

❶ '곰(1)' 오브젝트를 클릭하여 사람 인식을 시작합니다.

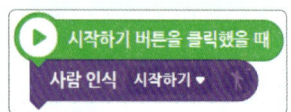

❷ '곰(1)' 오브젝트가 밧줄에 닿을 때까지 반복하여 자신의 움직임 값을 말하도록 다음과 같이 블록 코드를 작성하여 연결합니다.

  ※ 움직임 값을 말하도록 하여 사람 인식이 잘 되고 있는지 확인합니다.

TIP

움직임 값은 소수점으로 보여지며 움직임에 따라 값이 변하기 때문에 0.5초 기다립니다.

움직임 값은 소수점 버림하여 정수만 보이도록 하기 위해서 [계산] 블록 꾸러미의 `10 의 제곱` 블록을 사용하여 다음과 같이 블록 코드를 연결하여 작성합니다.

AI 깜짝 퀴즈

다음과 같이 블록에 실습을 하거나 스스로 계산하여 아래 표를 완성하시오.

	계산 블록 코드	결과 쓰기
소수점 부분값	`42.5897 의 소수점 부분`	
소수점 버림값	`42.5897 의 소수점 버림값`	
소수점 올림값	`42.5897 의 소수점 올림값`	
소수점 반올림값	`42.5897 의 소수점 반올림값`	

❸ '곰(1)' 오브젝트가 출발 신호를 받으면 밧줄에 닿을 때까지 움직임 값만큼 이동한 뒤 자신의 코드를 멈추기 하기 위하여 다음과 같이 블록 코드를 작성합니다.

❹ '곰(1)' 오브젝트 움직임 값은 엔트리 화면에 비하여 크기 때문에 감지한 움직임 값을 나누기 2로 계산하여 움직이도록 합니다.

※ '곰(1)' 오브젝트 이동 방향 속성 : 80.8°

❺ 시작하기 클릭하여 움직임 값을 보면서 빠르게 걷기 위해서는 카메라를 향해 손 또는 머리, 몸을 많이 움직여 봅니다.

CHAPTER 20 상상에 코딩을 더해서

■ 불러올 파일 : 20장 상상 코딩.ent   ■ 완성된 파일 : 20장 상상 코딩_완성.ent

더하기 스토리+

곰과 엔트리 중에서 밧줄에 먼저 닿는 오브젝트의 이름을 엔트리 화면에 글상자로 표시하며 모든 코드가 멈추도록 블록 코드를 추가하여 실행해 봅니다.

▶ **추가 오브젝트** : 곰 승리, 엔트리 승리
▶ **추가 신호** : 글상자 오브젝트

[실행화면]

HINT!

아래 문장을 읽고 알맞은 블록 코드를 사용하여 작성해 봅니다.

'[묶음] 걷기 옆모습' 오브젝트	밧줄에 닿을 때까지 반복한 뒤, '엔트리 승리' 신호 보내고 자신의 코드 멈추기
'곰(1)' 오브젝트	밧줄에 닿을 때까지 반복한 뒤, '곰 승리' 신호 보내고 자신의 코드 멈추기
글상자 오브젝트	– 시작하기 버튼을 클릭했을 때 : 모양 숨기기 – 엔트리 승리 신호를 받았을 때 : 모양 보이기하고 '엔트리 승리'라고 글쓰기한 후, 모든 코드 멈추기 – 곰 승리 신호를 받았을 때 : 모양 보이기하고 '곰 승리'라고 글쓰기한 후, 모든 코드 멈추기

CHAPTER 21 이 물건은 어디에서 사용하는 물건이지?

■ 불러올 파일 : 사물 인식.ent   ■ 완성된 파일 : 사물 인식_완성.ent

AI처럼 생각해 보기

● 다음 그림의 규칙을 보고 마지막 6번째 얼굴 그림을 완성해 봅니다.

스토리

엔트리는 집안 곳곳에 어지럽게 정리 안된 물건들을 정리하려고 합니다. 정리하려고 보니 사람들이 어느 장소에서 사용하는 물건인지 모르겠어요. 이 물건이 어디에서 사용하는 물건인지 알려 줄 프로그램이 필요합니다.

이런것 배워요! 사람 인식에 대해 알아보기

- 인공지능의 사물 인식 블록을 추가하여 사물의 이미지를 인식할 수 있다.
- 인식된 사물이 있어야 하는 장소로 장면이 이동됩니다.

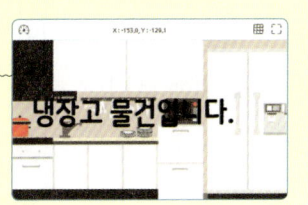

01 사물 인식하기

❶ 엔트리에서 [불러오기( )]-[오프라인 작품 불러오기]를 클릭하고 [불러올 파일]-[21장]에서 '사물 인식.ent' 파일을 불러옵니다.

❷ 블록 꾸러미에서 [인공지능 블록 불러오기] 클릭하여 비디오 감지의 [사물 인식] 인공지능 블록을 선택한 다음 <불러오기> 단추를 클릭합니다.

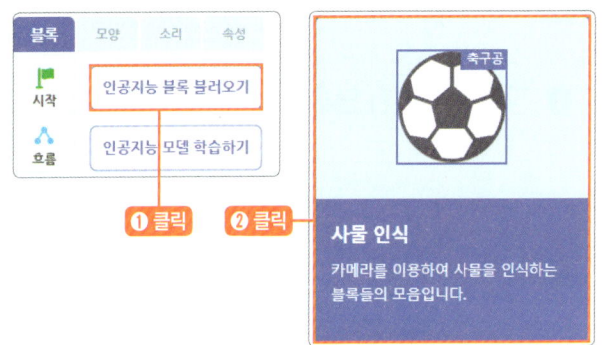

❸ 사물 인식은 기본적으로 비디오 감지 기능과 함께 사용되기 때문에 비디오 감지 인공지능 블록과 함께 사물 인식 인공지능 블록이 추가된 것을 확인할 수 있습니다.

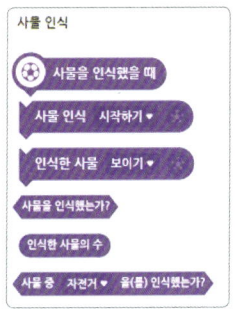

TIP

엔트리 사물인식 인공지능 블록에서는 미리 지정된 80개의 사물을 인식할 수 있는 모델입니다.

인식 가능한 80개의 사물의 종류: 사람, 자전거, 자동차, 오토바이, 비행기, 버스, 기차, 트럭, 보트, 신호등, 소화전, 정지 표지판, 주차 미터기, 벤치, 새, 고양이, 개, 말, 양, 소, 코끼리, 곰, 얼룩말, 기린, 배낭, 우산, 핸드백, 넥타이, 여행 가방, 원반, 스키, 스노보드, 공, 연, 야구 배트, 야구 글러브, 스케이트 보드, 서프보드, 테니스 라켓, 병, 와인잔, 컵, 포크, 나이프, 숟가락, 그릇, 바나나, 사과, 샌드위치, 오렌지, 브로콜리, 당근, 핫도그, 피자, 도넛, 케이크, 의자, 소파, 화분, 침대, 식탁, 변기, 텔레비전, 노트북, 마우스, 리모컨, 키보드, 핸드폰, 전자레인지, 오븐, 토스터, 싱크대, 냉장고, 책, 시계, 꽃병, 가위, 테디베어, 헤어드라이어, 칫솔

❹ '엔트리봇' 오브젝트를 클릭하고 다음과 같이 블록 코드를 작성합니다. 이어서, [시작하기]를 클릭한 다음 사물 카드 또는 위의 인식 가능한 80개의 사물 중에서 자신이 가지고 있는 물건이 있다면 카메라에 모습을 인식해 봅니다.

※ 사물 카드는 교재 뒷 부분에 있습니다.

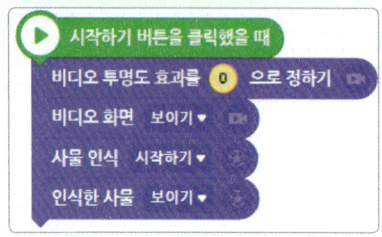

02 장면 추가하기

❶ 장면 추가하기 단추를 클릭하여 '욕실', '냉장고', '부엌', '내 방' 장면을 추가하여 이름을 변경합니다.

❷ 각 장면의 장소에 어울리는 배경을 추가합니다.

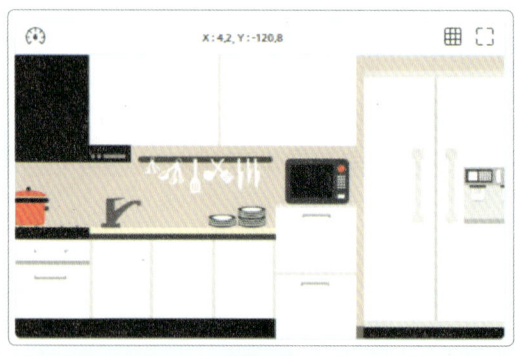

▲ 욕실 : '욕실' 오브젝트 　　　　　　▲ 냉장고 : '부엌(1)' 오브젝트

▲ 부엌 : '부엌(3)' 오브젝트 　　　　　　▲ 내 방 : '방(3)' 오브젝트

❸ [욕실] 장면을 클릭한 다음 <오브젝트 추가하기> 단추를 클릭한 후, 글상자를 클릭합니다.

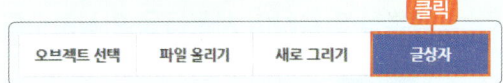

❹ 글꼴과 배경색(투명)을 지정한 다음 <추가하기> 단추를 클릭합니다. 이어서, 글상자 오브젝트의 크기와 위치를 조절합니다.

※ 냉장고, 부엌, 내 방 장면도 글상자 오브젝트를 추가 또는 복사합니다.

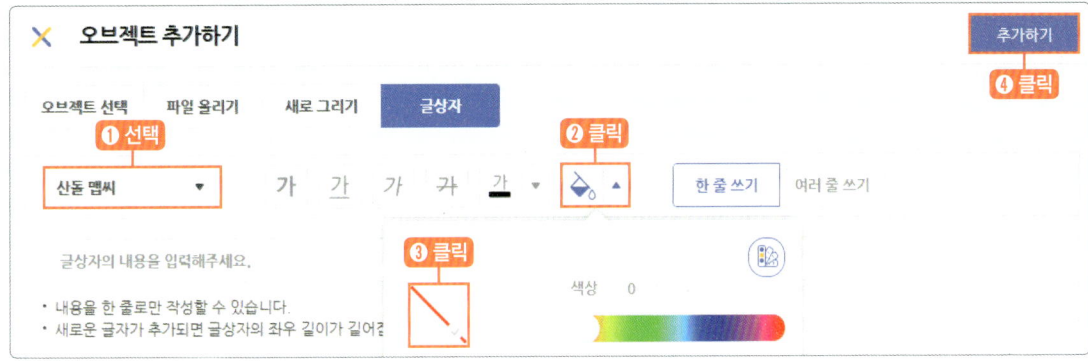

03 ▶ 사물 인식하여 장면 이동

❶ 사물이 정확하게 인식 중인지 확인하기 위하여 '엔트리봇' 오브젝트를 클릭하였을 때 계속 반복하여 사물을 인식했는지 판단하도록 다음과 같이 블록 코드를 작성합니다.

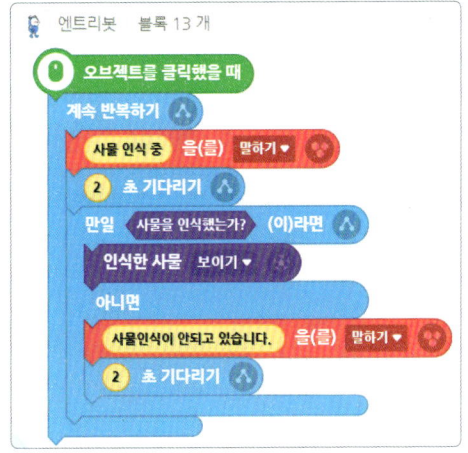

CHAPTER 21 이 물건은 어디에서 사용하는 물건이지? **137**

❷ 욕실 장소의 사용하는 사물을 인식하면 욕실로 장면이 이동될 수 있도록 [판단] 블록의 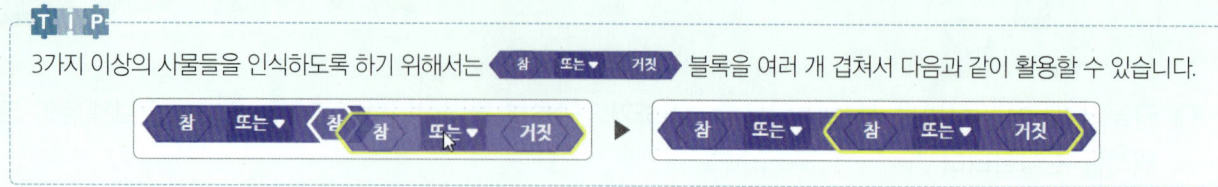 블록을 이용하여 사물들을 인식하도록 합니다.

> **TIP**
> 3가지 이상의 사물들을 인식하도록 하기 위해서는 `참 또는▼ 거짓` 블록을 여러 개 겹쳐서 다음과 같이 활용할 수 있습니다.

❸ 욕실에서 사용하는 사물 중 '칫솔'과 '헤어드라이어'를 인식하여 [욕실] 장면을 시작할 수 있도록 '사물을 인식했는가'에 인식한 사물을 보인 후, 다음과 같이 블록 코드를 작성하여 연결합니다.

❹ 각 장소마다 알맞은 사물들을 인식하여 장면이 이동될 수 있도록 블록을 복사하여 다음과 같이 블록 코드를 작성하여 연결합니다.
- **냉장고 장면** : 바나나, 사과
- **부엌 장면** : 포크, 냉장고
- **내방 장면** : 시계, 꽃병

04 신호와 글상자 오브젝트 이벤트 만들기

❶ [속성]-[신호]-<신호 추가하기> 단추를 클릭한 다음 각 장면 신호를 작성합니다.

❷ [사물인식하기] 장면의 '엔트리봇' 오브젝트에 사물이 인식되어 장면을 이동 전에 각 장소의 신호를 보내도록 신호 블록 코드를 연결합니다. 이어서, 나머지 신호 블록도 연결합니다.

❸ [욕실] 장면의 글상자 오브젝트를 클릭하고 '욕실 신호를 받았을 때' 욕실 물건이라고 글쓰기를 한 다음 '사물인식하기' 장면으로 이동할 수 있도록 다음과 같이 명령 블록을 작성합니다. 나머지 장면에도 블록 코드를 복사한 다음 글자를 수정합니다.

CHAPTER 21 이 물건은 어디에서 사용하는 물건이지?

❹ [사물인식하기] 장면에서 '시작하기'를 클릭한 다음 '엔트리봇' 오브젝트를 클릭하면 사물 카드로 인식한 사물의 알맞은 장소로 장면이 바뀌는 것을 확인할 수 있습니다.

CHAPTER 21 상상에 코딩을 더해서

■ 불러올 파일 : 21장 상상 코딩.ent   ■ 완성된 파일 : 21장 상상 코딩_완성.ent

> **더하기 스토리⁺**
> 사물들이 각 장면에서 알맞은 곳에 위치하고 깜빡거리도록 사물 오브젝트를 추가하고 알맞은 명령 블록 코드를 추가 작성해 봅니다.

▶ [냉장고] 필요한 오브젝트 : 사과(1), 바나나(2)
▶ [내 방] 필요한 신호 : 시계, 꽃병.png([불러올 파일]-[21장])

01 장면 신호를 받았을 때 글상자 모양을 보이고 글쓰기한 후, 오브젝트가 깜빡거리는 장면으로 수정합니다.

HINT! 아래 문장을 읽고 알맞은 블록 코드를 사용하여 작성해 봅니다.

[냉장고] 장면	'사과(1)', '바나나(2)' 오브젝트는 장면이 시작되었을 때 2초 기다리고 깜빡거리게 만든 후, 2초 기다리고 [사물인식하기] 시작하기
[내 방] 장면	'시계', '꽃병.png' 오브젝트는 장면이 시작되었을 때 2초 기다리고 깜빡거리게 만든 후, 2초 기다리고 [사물인식하기] 시작하기

CHAPTER 21 이 물건은 어디에서 사용하는 물건이지?

CHAPTER 22 스마트폰 보유율 분석하여 발표하기

■ 불러올 파일 : 휴대폰 보유 비율.ent   ■ 완성된 파일 : 휴대폰 보유 비율_완성.ent

AI처럼 생각해 보기

● 다음 모눈종이에 아래의 명령어 표를 따라서 ★에서부터 시작하여 그림을 그려봅니다. 완성된 그림은 무엇일까요?

[화살표 순서]

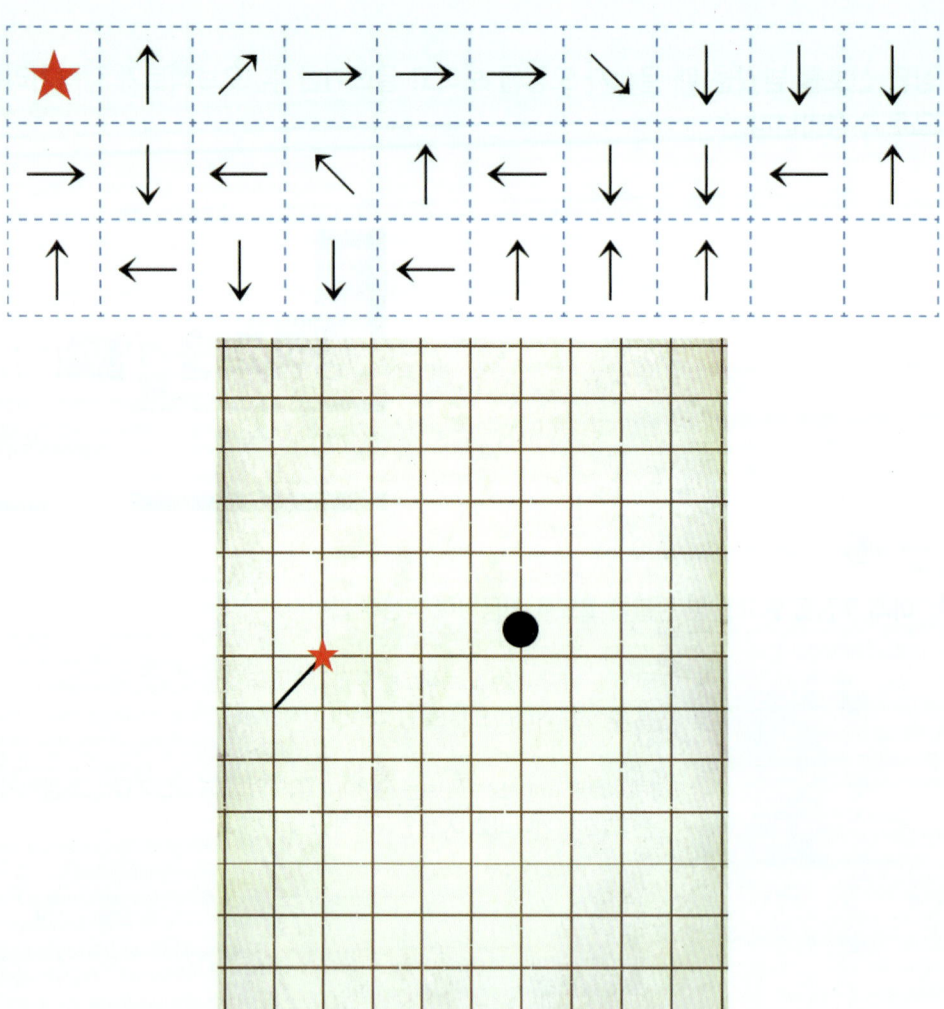

스토리

초등학생들도 휴대폰을 많이 보유하고 활용하는 요즘은 휴대폰을 10대부터 소지하면서 활용합니다. 그렇다면 우리나라 전 국민의 휴대폰 보유량은 어떨까요? 2018년에는 어떠했을까요? 4년 동안의 휴대폰 보유량을 통계청 자료를 이용하여 살펴보도록 하겠습니다.

이런걸 배워요! 자료 검색과 테이블 추가하기

- 엑셀 파일 자료를 데이터 테이블 추가하여 차트를 작성할 수 있다.
- 데이터 테이블에서 필요한 자료만 비교하여 차이를 계산하여 발표할 수 있다.

01 통계청 살펴보기

❶ kostat.go.kr 또는 통계청 홈페이지를 검색합니다.

❷ 통합검색 창에 '휴대폰'을 검색한 후, 결과에서 '지표누리'의 '휴대폰 소유인구 비율(성별)'을 클릭하여 우리나라 휴대폰 소유현황 데이터를 살펴볼 수 있습니다.

❸ 그래프 또는 통계표 형태로 살펴볼 수 있습니다.

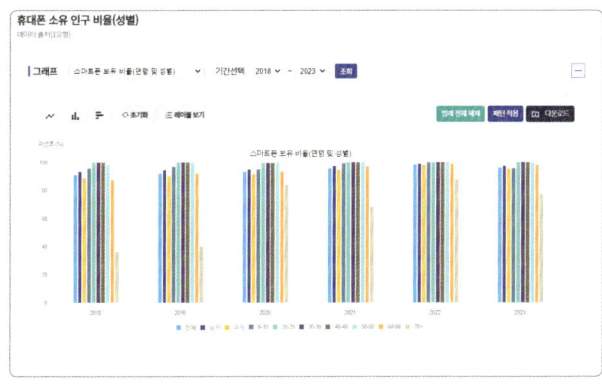

02 데이터 테이블과 차트 만들기

❶ 엔트리에서 [불러오기( )]-[오프라인 작품 불러오기]를 클릭하고 [불러올 파일]-[22장]에서 '휴대폰 보유 비율.ent' 파일을 불러옵니다. 이어서, [데이터분석( )]의 <테이블 불러오기> 단추를 클릭한 다음 <테이블 추가하기> 단추를 클릭합니다.

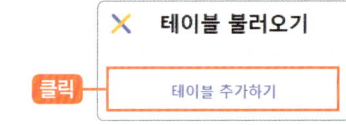

❷ [파일 올리기]에서 <파일 선택> 단추를 클릭한 후, [불러올 파일]-[22장]-'휴대폰 보유비율.xlsx' 파일을 불러온 다음 '휴대폰 보유비율' 테이블이 업로드되면 <추가하기> 단추를 클릭하여 데이터 분석 테이블을 추가합니다.

❸ 테이블의 자료를 이용하여 [차트]-[+]-[막대 바 그래프]를 클릭한 다음 차트 이름, 가로축, 계열을 설정합니다.

※ 차트 이름(나이별 휴대폰 보유 비율), 가로축(나이), 계열(모두)

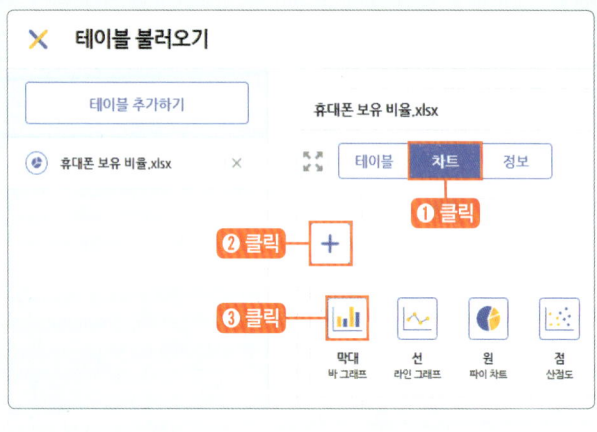

❹ 이어서, [차트]-[+]-[선 라인 그래프] 차트를 다음과 같이 추가합니다. 이어서, <적용하기> 단추를 클릭합니다.

차트이름	가로축	계열
2018년도 나이대별 휴대폰 보유 비율	나이	2018년
2023년도 나이대별 휴대폰 보유 비율	나이	2023년
2018년과 2023년 나이대별 휴대폰 보유 비율	나이	2018년, 2023년

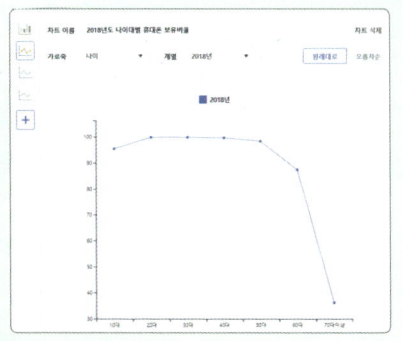
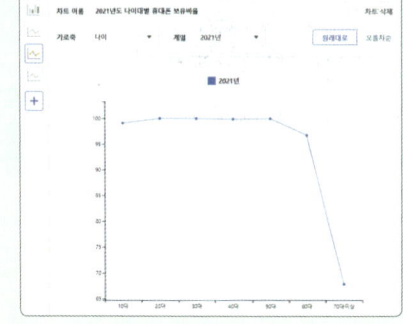
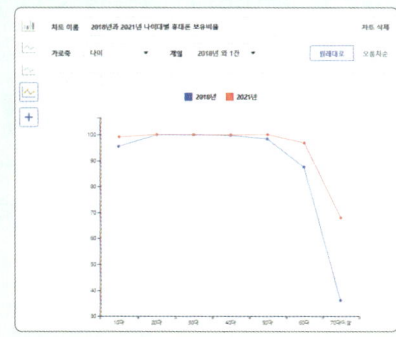

03 데이터 발표하기

❶ '괴짜박사' 오브젝트를 클릭하고 시작하기 버튼을 클릭했을 때 발표하며 '휴대폰 보유 비율' 테이블 창을 열도록 다음과 같이 블록 코드를 작성합니다. (발표하기 : 혹시 지금 휴대폰을 사용하지 않는 친구있나요? 저는 우리나라 2018년부터 2023년까지의 휴대폰 보유 비율을 분석하였습니다. 휴대폰 보유 비율을 정리한 분석표입니다.)

❷ '괴짜박사' 오브젝트에서 이어서 2018년도 나이대별 휴대폰 보유 비율 차트에 대해서 발표하고 칠판에 비율의 평균을 글상자에 쓰도록 다음과 같이 블록 코드를 작성하여 연결합니다.

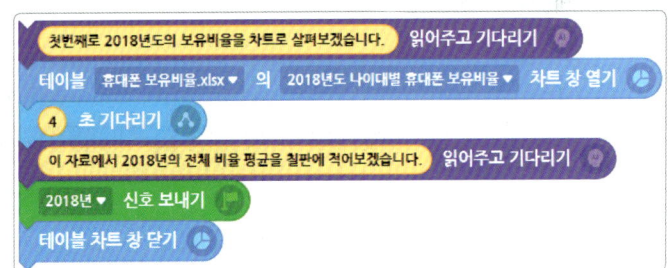

❸ '2018년' 글상자 오브젝트를 클릭하여 2018년의 비율 평균을 입력할 수 있도록 데이터 분석의 블록을 다음과 같이 블록 코드로 작성하여 글쓰기 합니다.

※ 평균의 값이 소수점이 많이 나오기 때문에 소수점을 반올림하여 사용합니다.

❹ 같은 방법으로 2023년도 자료 발표하도록 '괴짜박사' 오브젝트를 클릭한 다음 블록 코드를 연결하고 다음과 같이 작성합니다.

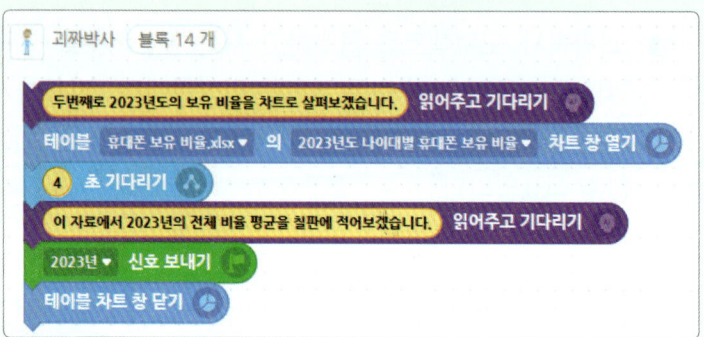

❺ '2023년' 글상자 오브젝트는 '2018년' 글상자 블록 코드를 복사하여 2023년으로 수정하여 작성합니다.

❻ 2018년과 2023년을 비교하여 발표하는 블록 코드를 다음과 같이 작성합니다.
- 계산식 : (2023년 평균 − 2018년 평균)의 반올림

CHAPTER 22 · 문제해결능력 · 상상에 코딩을 더해서

■ 불러올 파일 : 22장 상상 코딩.ent   ■ 완성된 파일 : 22장 상상 코딩_완성.ent

더하기 스토리⁺

10대들의 핸드폰 보유율은 2018년에서 2023년도 사이에 얼만큼 높아졌을까요?
10대들의 자료만 출력하여 비교해 봅니다.(테이블 불러오기 : 휴대폰 보유 비율.xlsx)

※ 위의 테이블에서 2행의 자료가 10대의 자료입니다. 2행의 2018년 자료와 2행의 2023년 자료의 차를 이용하면 10대들의 차이를 알 수 있습니다.

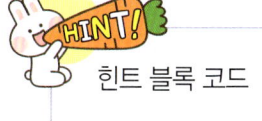

힌트 블록 코드

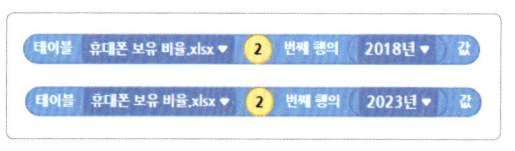

CHAPTER 22 스마트폰 보유율 분석하여 발표하기

CHAPTER 23 — 1인당 1년 동안 독서량은 어떤가요?

■ 불러올 파일 : 1인당 독서량.ent   ■ 완성된 파일 : 1인당 독서량_완성.ent

AI처럼 생각해 보기

● 다음 그림을 보고 숫자의 규칙을 생각해 본 다음 빈 칸을 채워 봅니다.

HINT! 계산기 앱을 활용하세요.

```
                    2
                 2     2
              2     4     2
           2     ?     8     2
        2     ?     ?     ?     2
     2     ?    1024  1024   ?     2
        2     ?     ?     ?     2
           2                    2
        2                          2
```

스토리

스마트 기기를 다루며 살아가는 요즘 독서하시나요? 그렇다면 1년간 몇 권의 책을 읽으시나요? 2000년대부터 점점 독서 권수가 줄어들고 영상 매체를 보며 보내는 시간이 점점 늘어나고 있지는 않은가요? 2000년부터 2021년 기간 동안의 1인당 독서 권수를 살펴보고 나는 전년도 평균 얼마나 읽었는지 확인해 보도록 합니다.

이런걸 배워요! 자료 검색과 테이블 추가하기

- 엑셀 파일 자료를 데이터 테이블 추가하여 차트를 작성할 수 있다.
- 데이터 테이블에서 필요한 자료를 사용할 수 있다.

01 통계청 살펴보기

❶ kostat.go.kr 또는 통계청 홈페이지를 검색합니다.

❷ 통합검색 창에 '독서'를 검색한 다음 결과에서 '지표누리'의 '독서인구 비율'을 클릭하고 우리나라 독서인구 비율을 전체, 서적 종류별로 2000년~2021년까지의 데이터를 살펴볼 수 있습니다.

❸ 그래프 또는 통계표로 데이터를 살펴볼 수 있습니다.

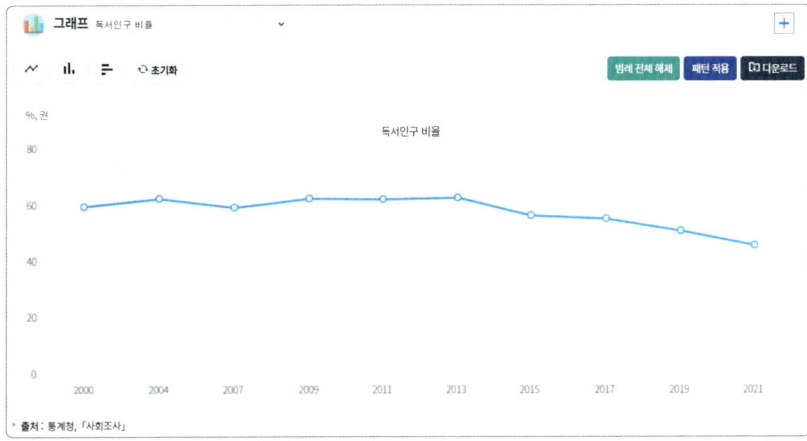

CHAPTER 23 1인당 1년 동안 독서량은 어떤가요? 149

02 데이터 테이블과 차트 작성하기

❶ 엔트리에서 [불러오기(📄)]-[오프라인 작품 불러오기]를 클릭하고 [불러올 파일]-[23장]에서 '1인당 독서량.ent' 파일을 불러옵니다. [데이터분석]-<테이블 불러오기> 단추를 클릭하여 <테이블 추가> 단추를 클릭합니다.

❷ [파일 올리기]에서 <파일 선택> 단추를 클릭한 후, [불러올 파일]-[23장]-'독서권수.xlsx' 파일을 불러온 다음 '독서권수' 테이블이 업로드되면 <추가하기> 단추를 클릭하여 데이터분석 테이블을 추가합니다.

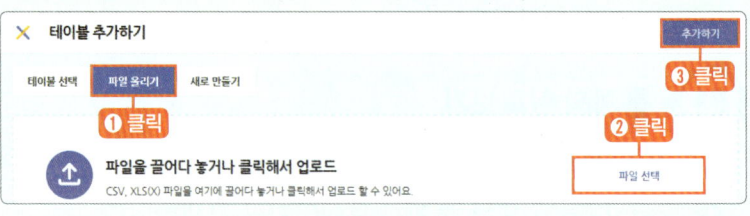

❸ 테이블의 자료를 이용하여 [차트]-[+]-[라인 그래프]를 클릭한 다음 차트 이름, 가로축, 계열을 설정합니다. 이어서, 차트를 추가한 다음 <적용하기> 단추를 클릭합니다.

※ 차트 이름(1인당 1년 독서 권수(2000년~2021년)), 가로축(연도), 계열(독서권수)

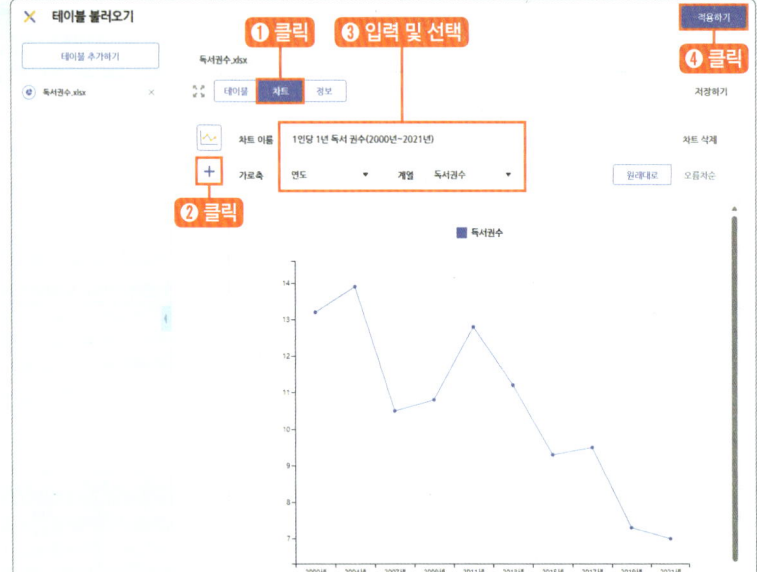

03 데이터 분석하기

❶ '생각하는 엔트리' 오브젝트를 클릭한 다음 독서 테이블의 '1인당 1년 독서 권수(2000년~2021년)' 차트 창을 열기하여 설명하는 블록 코드를 다음과 같이 작성하여 완성합니다.

❷ '신비한책 열림' 오브젝트를 클릭한 다음 나의 독서 권수를 묻고 분석하기 위한 블록 코드를 작성합니다. 이때 대답은 '시작하기 버튼을 클릭했을 때' 숨기기를 합니다.

❸ 대답에 따라 '독서 권수' 테이블에서 제일 마지막행(11행)의 연도(2021년)를 기준으로 비교하여 대답할 수 있도록 다음과 같이 조건을 주는 블록 코드를 작성합니다.

Ⓐ **만약 나의독서권수 = 2021년독서권수**
"2021년기준에 비하여 (대답)권 평균만큼 읽으셨네요."말하기

Ⓑ **만약 나의독서권수 > 2021년독서권수**
"2021년기준에 비하여 2021년독서권수-(대답)권 많이 읽으셨네요."말하기

Ⓒ **만약 나의독서권수 < 2021년독서권수**
"2021년기준에 비하여 2021년독서권수-(대답)권 부족하게 읽으셨네요."말하기

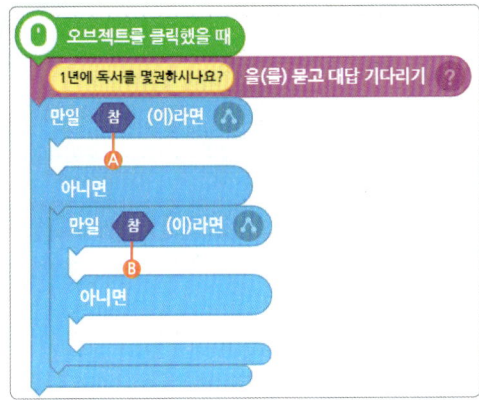

❹ 나의 독서권수(대답)와 2021년 독서 권수가 같은지 비교하여 대답할 수 있도록 데이터분석 블록 꾸러미에서 '2021년 독서권수' 테이블의 11번째 행의 독서 권수 값을 가져다가 비교할 수 있도록 블록 코드를 작성하여 '참'이라면에 연결합니다.

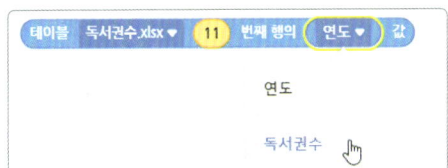

TIP
2021년 독서 권수와 내 대답이 같은지 비교할 수 있는 블록 코드는 2가지 방법이 있습니다.

방법1> [테이블 독서권수.xlsx ▼ 11 번째 행의 독서권수 ▼ 값] - [대답] = 0
방법2> [테이블 독서권수.xlsx ▼ 11 번째 행의 독서권수 ▼ 값] = 대답

CHAPTER 23 1인당 1년 동안 독서량은 어떤가요? 151

❺ 같은 방법으로 독서 권수가 2021년보다 부족할 경우와 많은 경우를 다음과 같이 블록 코드를 작성하여 연결합니다.

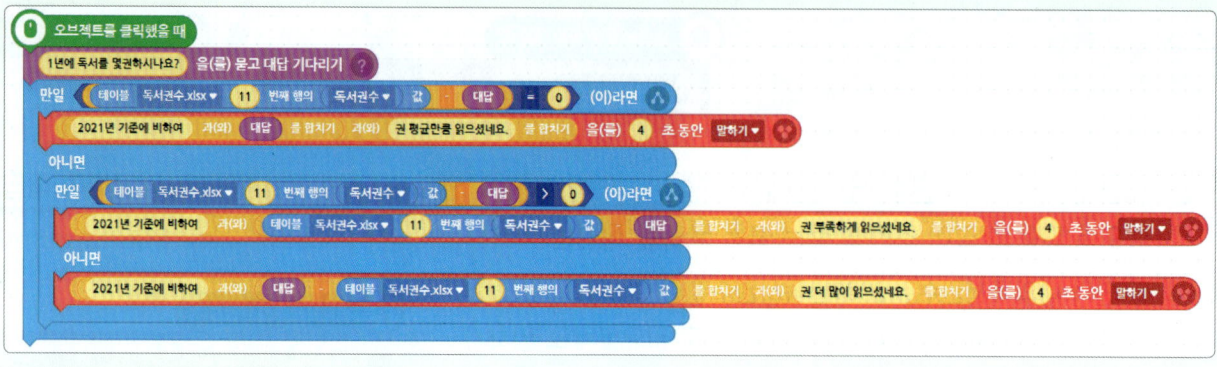

2021년 독서량이 대답보다 적을 때 :

2021년 독서량이 대답보다 클 때 :

CHAPTER 23 · 상상에 코딩을 더해서

■ 불러올 파일 : 23장 상상 코딩.ent   ■ 완성된 파일 : 23장 상상 코딩_완성.ent

더하기 스토리+

'신비한책 열림' 오브젝트가 클릭을 말하며 잘 보이도록 커졌다가 작아졌다 하며 깜빡거리도록 블록 코드를 추가하여 작성해 봅니다.

01 '신비한책 열림' 오브젝트가 마우스 포인터에 닿을 때까지 반복하는 조건으로 아래의 조건에 맞추어서 작성합니다.

조건
① 클릭!을 말하기 합니다.
② 크기를 100으로 정하기
③ x좌표를 10만큼 바꾸기
④ 0.2초 기다리기
⑤ 크기를 80으로 정하기
⑥ x좌표를 –10만큼 바꾸기
⑦ 0.2초 기다리기
⑧ 다음모양으로 바꾸기

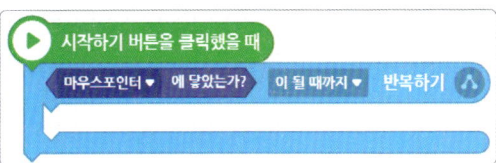

02 독서권수 테이블의 최대값과 최소값을 구하여 두 값의 차이를 이야기할 수 있는 블록 코드를 말하기를 이용하여 추가적으로 연결하여 작성합니다

HINT!

사용 오브젝트: '신비한책 열림' 오브젝트의 '오브젝트 클릭했을 때' 조건이 끝난 뒤에 연결하여 작성합니다.

말하기 예제 : (2000년부터 2021년까지 독서인구 중 최대권수는과(와) '최대값'를 합치기) 과(와) '권입니다.'을 4초 동안 말하기

CHAPTER 24 컴퓨팅 사고력 완성하기(종합실습)

■ 불러올 파일 : 눈코입 어디 있니.ent   ■ 완성된 파일 : 눈코입 어디 있니_완성.ent

얼굴 인식 인공지능 블록을 활용하여 카메라의 보이는 내 얼굴의 눈, 코, 입, 머리 위치에 알맞게 얼굴이 만들어지는 프로그램을 작성합니다.

01 카메라에 얼굴 인식하기

- 시작하기 버튼을 클릭했을 때 비디오 화면이 보이고 다음과 같이 블록 코드를 작성합니다.
- 각 오브젝트(머리(여), 머리(남), 코, 입, 눈, 얼굴모양) 동일하게 시작합니다.

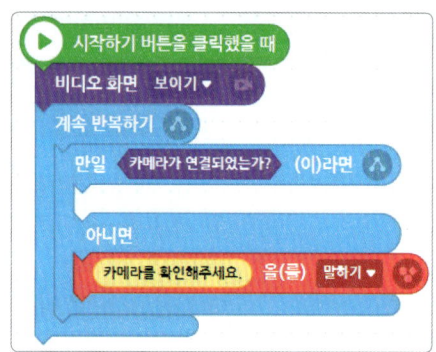

02 얼굴 모양 위치하기

- 다음 아래의 표를 참고하여 '얼굴모양' 오브젝트의 블록 코드를 활용하여 '눈', '코', '입'은 표를 참고하여 각 오브젝트를 알맞게 위치하도록 블록 코드를 작성합니다.

얼굴모양	x : 1번째 얼굴의 아랫입술의 x좌표 y : 1번째 얼굴의 아랫입술의 y좌표 +40 아랫입술기준보다 위로 40만큼 위치해야 얼굴형태가 가운데가 맞습니다.
눈	x : 1번째 얼굴의 코의 x좌표 y : 1번째 얼굴의 코의 y좌표 +30
코	x : 1번째 얼굴의 코의 x좌표 y : 1번째 얼굴의 코의 y좌표
입	x : 1번째 얼굴의 코의 x좌표 y : 1번째 얼굴의 코의 y좌표 -25 코 기준으로 25만큼 아래에 위치합니다.

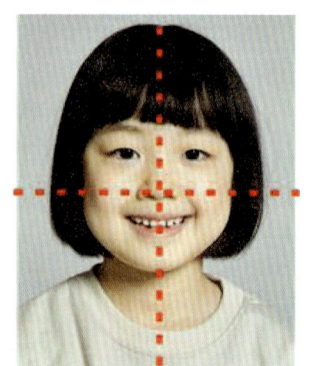

[얼굴 모양 오브젝트 작성 코드]

03 성별(남성, 여성)에 따라 위치할 수 있도록 다음 코드에 힌트 코드를 참고한 다음 머리 모양 위치하기

머리	x : 1번째 얼굴의 코의 x좌표 y : 1번째 얼굴의 코의 y좌표 +40 코 기준으로 위로 40만큼 위치합니다. 성별인식에 따라 남자머리, 여자머리 위치하도록 합니다.

- 머리(남) x : -100   y : 90
- 머리(여) x : -200   y : 90

(인식한 성별에 따라 머리모양이 바뀔 수 있기 때문에 위치값이 바뀔 수도 있습니다.)

힌트 코드

MEMO

CHAPTER 13 카메라에 비추어 얼굴 표정의 결과를 확인합니다.
CHAPTER 14 가위바위보를 할 때 사용합니다.

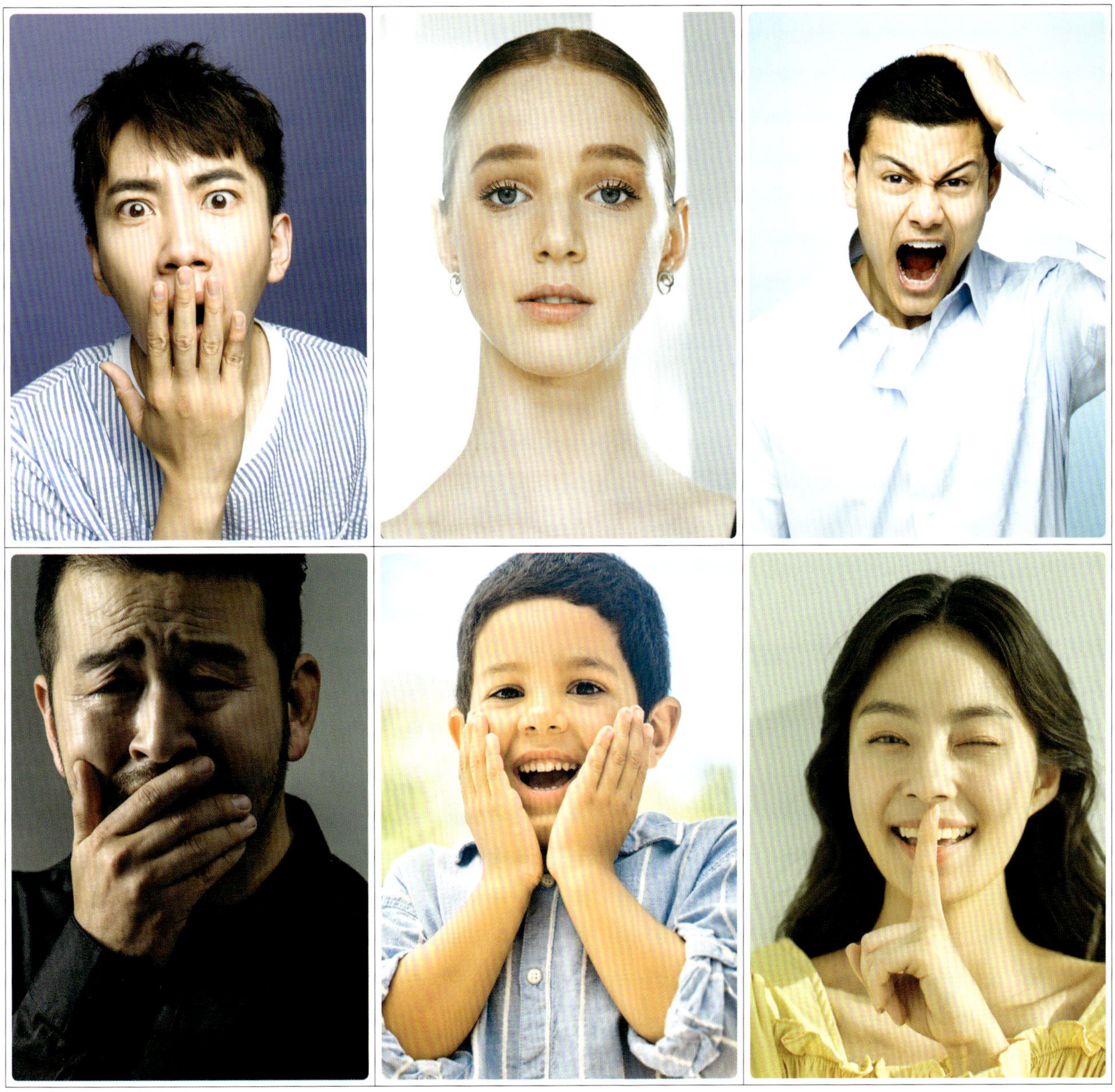

★★★ 가위로 오려진 종이의 모서리는 날카롭기 때문에 주의하세요!!

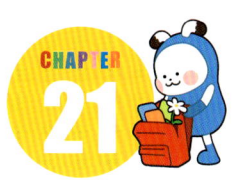

CHAPTER 21

카메라에 비추어 사물 인식의 결과를 확인합니다.

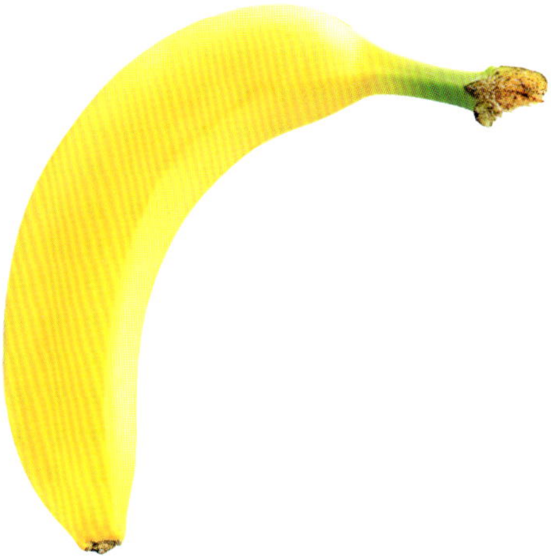

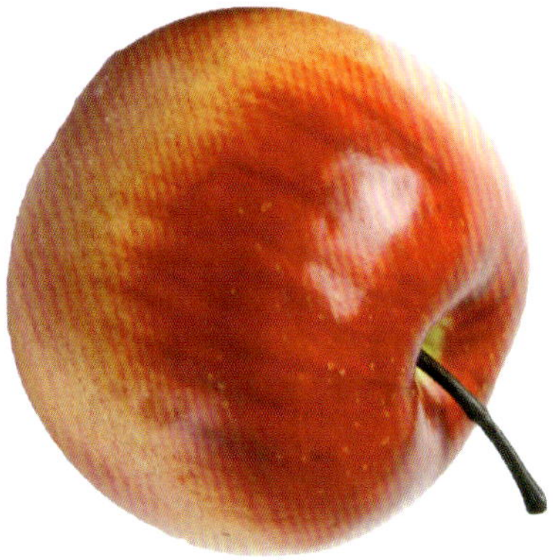

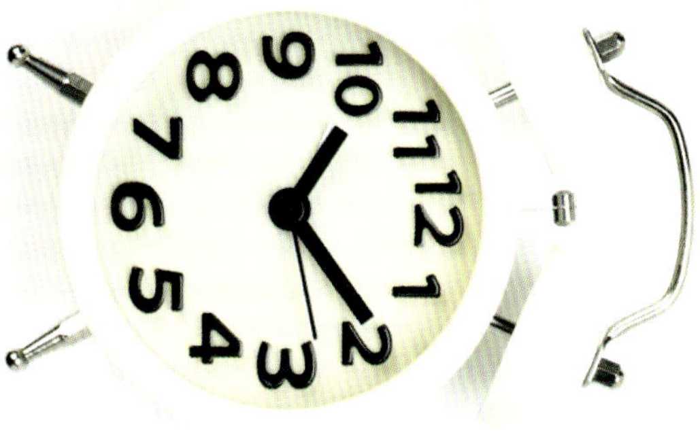

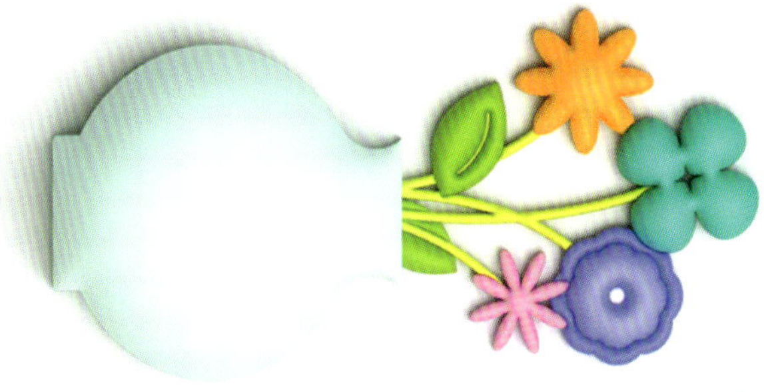

★★★ 가위로 오려진 종이의 모서리는 날카롭기 때문에 주의하세요!!

점선에 맞춰 가위로 오려서 사용하세요

점선에 맞춰 가위로 오려서 사용하세요

점선에 맞춰 가위로 오려서 사용하세요